VÉRITABLE GUIDE

DES

ACHETEURS A PARIS

PUBLIÉ PAR L'ÉCONOMAT CENTRAL

ESCOMPTE COMMERCIAL

Au profit des Personnes qui font leurs Achats en gros ou en détail

DANS LES VINGT ARRONDISSEMENTS MUNICIPAUX DE PARIS

Une Maison de Commission a eu la généreuse idée de faire profiter tous les Consommateurs, grands ou petits, d'une partie de la Commission qui lui est payée par les Fabricants et les Marchands dont elle s'occupe de faire vendre les Produits.

Toute Personne qui fera ses acquisitions dans les Maisons de Commerce dont les adresses sont insérées sur ce Répertoire obtiendra une notable diminution sur ses dépenses journalières, au minimum quatre pour cent sur toute espèce de marchandises.

Malgré cet avantage réel, rien n'est changé dans les rapports des Vendeurs et des Acheteurs; il suffit seulement de réclamer, en payant sa facture, un titre d'escompte de l'Économat, énonçant la somme payée, ou de faire écrire au bas de la facture : « *Certificat d'acquisition valable pour l'Économat central;* » contre la présentation de ce titre à la **Caisse de MM. L. ROJARE et Cᵉ, place de la Bourse, 9.** on recevra l'escompte convenu.

NOTA. — Le Caissier délivre gratuitement, aux Porteurs de Titres d'escompte et aux Commerçants adhérents, le GUIDE DES ACHETEURS.

RÉPERTOIRE

DE

L'ÉCONOMAT CENTRAL

POUR TOUT PARIS

ADMINISTRATION : RUE DE CHOISEUL, N° 6, A PARIS

GUIDE DES ACHETEURS

Maison générale de Commission : J.-A. PROT et Cie

Il manquait à la ville de Paris une institution qui mît en rapport, d'une manière simple et facile, les producteurs et les marchands avec les consommateurs ; cette lacune vient d'être comblée par l'**Economat central**.

A cette époque d'une concurrence si active, chacun est forcé de connaître les endroits où l'on peut acheter avec avantage ; l'**Economat** a accepté la mission d'insérer sur un répertoire, pour renseigner le public, les noms des marchands, fabricants et propriétaires qui consentent à faire, aux petits comme aux forts consommateurs qui payeront comptant, si le vendeur l'exige, une certaine déduction de prix de leurs marchandises.

Afin d'assurer l'exécution loyale des ventes, il est convenu que les consommateurs se présenteront aux fournisseurs comme acheteurs ordinaires, et qu'après avoir fait leur choix et débattu leurs prix, ils feront la demande d'un titre d'escompte, qui, sous aucun prétexte, ne pourra leur être refusé. Ce titre leur donnera le droit de toucher à la caisse la Prime indiquée au catalogue, sous la retenue d'*un centime par franc* des dépenses, pour frais d'administration.

L'institution met parfaitement à l'aise les consommateurs, quels qu'ils soient. Ils n'auront d'o-

bligation à personne. Ils achètent et ils payent ; leurs acquisitions coûteront le moins possible à leurs bourses.

DIRECTION

Il fallait un intermédiaire entre les commerçants qui consentent à faire un rabais sur le prix des marchandises et les consommateurs qui demandent à en profiter ; l'administration fondée par nous est destinée à remplir cet office.

L'institution de l'**Economat** procure aux acheteurs une diminution importante sur leurs acquisitions, tout en développant les affaires des maisons recommandables dans chaque branche d'industrie.

L'escompte est payé sur toutes les affaires conclues avec les commerçants adhérents, dont les adresses sont ci-incluses, sur le *Guide des Acheteurs*, nonobstant toute concession que le commerçant aurait consentie sur ses prix de vente. Il suffit de réclamer, à l'instant même du payement, un titre énonçant la somme payée.

Afin de rendre plus simple la combinaison de l'**Economat** et d'éviter tout déplacement aux

1859

— 4 —

Consommateurs, le Directeur remet à toute personne qui lui en fait la demande des Mandats de comptes courants payables au porteur, et la liste des commerçants chez lesquels *ils sont reçus comme argent*. Celui qui n'en aurait pas l'emploi peut les passer à des tiers.

La valeur des Mandats que l'**Economat** délivre à ses Clients est d'autant plus incontestable que leur *acceptation comme espèces* est garantie par chacun des Fournisseurs et par l'Administration.

Les Mandats donnent à tout Consommateur les moyens de se procurer *à un bon marché réel de belles et bonnes marchandises*.

Tout le monde comprend déjà la portée de cette création ; toutes les personnes qui ont des acquisitions ou des travaux à faire se rendront compte qu'ils ont tout intérêt à en payer une partie en Mandats, sur lesquels ils auront un *bénéfice immédiat de 50 %*, ou bien à se faire délivrer des certificats des sommes qu'ils payent, afin d'obtenir, par la Prime, une diminution.

Exemple. — M. Paul veut acheter de la toile. Il se procure de nos Mandats, se rend chez un de nos Adhérents et se fait livrer. Si sa facture monte à 300 fr., il paye de la façon suivante :

	279 fr. en espèces,
	21 fr. en Mandats.
Total,	300 fr.

Bénéfice réalisé par l'Acheteur, sur les Mandats, 10 fr. 50 c., en dehors de toute diminution que le vendeur aurait consenti de lui faire.

Nota. En moyenne, nos Fournisseurs acceptent nos Mandats dans la proportion de 7 %.

En dernière analyse, tout consommateur se trouvera actionnaire dans une combinaison toute nouvelle, en ce sens que, ne versant aucun capital, sans aucune mise de fonds, sans chances de pertes, et par cela seul qu'il aura acheté aux prix courants du commerce, à des conditions équitables, il est assuré d'une part dans les bénéfices du marchand.

La caisse de MM. L. Rojare et Cᵉ payera les Primes en numéraire. Ce payement aura lieu à l'instant même de la présentation des titres, tous les jours, les dimanches et fêtes exceptés, de dix heures à cinq heures, place de la Bourse, 9.

OBSERVATIONS

Les négociants et fournisseurs avec lesquels l'**Economat** a traité s'empresseront de satisfaire d'autant plus loyalement la clientèle nombreuse que cette nouvelle combinaison leur assure, qu'ils ont tout intérêt à la conserver, non-seulement à cause de l'immense publicité donnée à leur maison par l'inscription de leur nom sur le *Guide des Acheteurs*, mais encore à cause du bénéfice des ventes au comptant plus considérables qui en sont la conséquence immédiate.

Prière de propager les Avantages de l'ÉCONOMAT.

AVIS ESSENTIEL

L'Administration s'efforcera de multiplier la liste de ses adhérents ; il n'est pas d'efforts et de sacrifices qu'elle ne soit prête à faire pour y arriver ; elle offre dès aujourd'hui un choix varié pour satisfaire à tous les besoins, à toutes les commodités des consommateurs.

Nous invitons nos commettants à échanger chaque année, à la Direction, le Répertoire des noms des adhérents, afin de l'avoir toujours au complet, l'Economat recevant chaque jour de nouvelles adhésions de commerçants et des avis de changement de domicile.

Les personnes qui désireraient quelques renseignements nous trouveront toujours prêts à fournir tous les éclaircissements possibles.

Tous les jours, de deux à quatre heures, le gérant reçoit les personnes qui lui font l'honneur de lui faire visite.

LE DIRECTEUR,

J. A. PROT.

Pour les adhésions arrivées après composition, voir à la page 85 et suivantes.

RÈGLEMENT

Art. 1er.

L'administration de l'Économat recueille l'adhésion des marchands et fabricants qui consentent à lui payer une prime dont elle fait profiter les acheteurs qui payeront comptant, si le vendeur l'exige.

Art. 2.

Le taux de la prime est fixé de gré à gré avec les adhérents : tout acheteur qui en réclame le bénéfice y a droit, excepté les commissionnaires en marchandises ; les consommateurs seuls sont appelés à jouir du bénéfice de cette innovation. Nous n'obligeons pas nos adhérents à accepter les bons de la Caisse d'échange comme espèces.

Art. 3.

L'escompte est perçu par l'Économat. A cet effet, l'administration délivre par avance, aux adhérents, des certificats d'acquisition ; le marchand n'a plus qu'à les remplir. Le boni est payé aux consommateurs par MM. L. Rojare et Cᵉ, place de la Bourse, 9, tous les jours, de dix heures à cinq heures.

Art. 4.

Afin d'assurer l'exécution loyale des ventes, les consommateurs se présenteront aux fournisseurs comme acheteurs ordinaires. Après avoir fait leur choix et être convenus de prix, ils se feront délivrer, sans que l'adhérent puisse s'y refuser, des certificats d'acquisition du montant de la somme payée.

Art. 5.

Tout certificat d'acquisition doit indiquer la profession et le domicile de la personne qui l'a délivré, et être revêtu de sa signature.

Art. 6.

Par conventions spéciales existant entre l'Économat et les commerçants désignés sur ce répertoire, toute personne qui fera exécuter des travaux ou fera des acquisitions chez les adhérents aura la faculté d'en solder une partie en Mandats de notre Caisse de comptes courants, dans les proportions indiquées sur le répertoire de l'Économat. Ce mode de payement donne tout de suite à l'Acheteur un *bénéfice de cinquante pour cent* sur les sommes qu'il solde en Mandats.

Art. 7.

Tout commerçant peut faire cesser son adhésion en prévenant l'Économat trois mois d'avance ; l'administration conserve le droit de rayer de la liste des adhérents toute personne qui contreviendrait au règlement, les fournisseurs qui feraient à nos clients la proposition de leur payer directement un escompte, pour ne pas leur remettre de certificat des sommes qu'ils auraient reçues, ou se refuseraient de prendre nos Mandats.

RÉPERTOIRE DES ADHÉRENTS

	MM.		CHIFFRE DES MANDATS Reçus comme espèces par les Vendeurs, calculé sur un achat de 100 francs. (Pour fr.)	
AFFICHAGES	Delas	123, rue Saint-Honoré, cour d'Aligre	dix	affiches illustrées, pose d'affiches en papier, propriétaire d'emplacements réservés.
	Woële-Cheze	2 et 4, boulevard Bonne-Nouvelle	cinq	entreprise d'affichages, d'enseignes peintes, et pose d'affiches en papier.
AGENCES D'AFFAIRES	Marizy	78, boulevard du Temple	dix	directeur de l'administration judiciaire centrale, affaires contentieuses, recouvrements, atermoiements et rédactions d'actes de société et autres.
	L. VANNARD	6, rue des Accacias, à Montmartre	dix	affaires contentieuses et recouvrements.
AGENCEMENTS	Carvigny	31 et 39, rue Montmorency (au Marais)	trois	grande spécialité de comptoirs, bureaux, casiers, rayons, vitrines, tout agencement de magasin.
AMEUBLEMENTS	Clermont	296, rue Saint-Honoré	cinq	meubles en boule et bois de rose.
	Osmond	21, faubourg Saint-Antoine	cinq	grande fabrique de meubles et tapisseries en tous genres, siéges confortables, sommiers élastiques, tentures, rideaux et tout ce qui concerne l'ameublement.
	Ben-Saïdoun	172, rue de Rivoli, et 36, boulevard des Italiens, au Sultan	cinq	tapis de Mascara, de Smyrne et de Perse, étoffes pour tentures, étagères, etc.
	Mainfroy	66, faubourg Saint-Martin	huit	fabrique de meubles en laque, siéges de toutes formes et grandeurs.
	Mesnier et Ce	24, boulevard des Italiens	cinq	tapissier, bronzes, glaces et ameublements.
	Virage	56, faubourg Saint-Antoine	cinq	fabrique de meubles en tous genres.
	Delacroix	91, 93 et 95, faub. St-Denis, à la ville de St-Denis	dix	literie et tapis, tentures, rideaux.
	Tête et Duval	19, boulevard Saint-Denis, à Malvina	cinq	tapis, tentures, rideaux.
	Houzelot	25, passage Jouffroy, et 10, boulevard Montmartre	cinq	fabrique de meubles en laque.
	Mousset	126, faubourg Saint-Denis	six	fabrique de lits en fer, spécialité. Quatre pour cent sur les ventes en gros.
	Henry fils	10, boulevard Poissonnière	cinq	fabrique de meubles en tous genres, couchers, tapis, tentures, etc., etc.
	Anquelin	64, rue de Cléry	huit	sommiers élastiques, fabrique de lits en fer; inventeur breveté du lit brésilien.
	Rey	10, 11 et 13, rue Neuve-St-Augustin	dix	fabrique de lits en fer, sommiers élastiques, lits et canapés brevetés.
	Derche	3, place de la Bourse	trois	grand magasin de glaces, cadres et dorures.
	Grellet jeune et fils	25, boulevard Bonne-Nouvelle	trois	tapis d'Aubusson, moquettes.
	Liebmann	52 et 54, rue de la Roquette	cinq	fabrique et magasin de meubles de fantaisie, genre boule et bois de rose.
	Weiber	22, boulevard des Filles-du-Calvaire	cinq	sculpteur, ameublement de tout style.
	Caron	32 et 34, passage du Grand-Cerf	trois	magasin de glaces, encadrements et dorures.
	Hordet	6, rue Sainte-Anne	cinq	magasin de glaces, encadrements et dorures.
	Ressejac	9, rue Taitbout	six	ameublement en tous genres, spécialité de meubles en chêne sculpté.
	Lepesqueur	107, faubourg Poissonnière	cinq	lits en fer, sommiers élastiques.
	Faure	23, boulevard de Strasbourg, manufacture à Beauvais (Oise)	neuf	fabrique de meubles, fauteuils, chaises et canapés.
	Armengault	70, rue Vieille-du-Temple, à Gutenberg	six	fabrique de lits, sommiers, canapés formant lit, etc., etc.
	Carvigny	31 et 39, rue Montmorency	trois	ameublement de bureau.
	Lefebvre	30 bis, rue du Faubourg-Saint-Antoine	quatre	maison spéciale d'ameublement, décors et tentures.
	E. Faith	28, rue de Grammont	cinq	ameublements, siéges confortables.
	A. Thomas	15, place de la Mairie, à Montmartre	cinq	meubles neufs et d'occasion, literie, fabrique de sommiers à Montmartre.
	Desmarey	10, rue de l'Église, à Passy	huit	fabricant de meubles en tous genres, bois de rose et autres, réparations, ébéniste, tapissier.
	Bellanger	51, rue des Saints-Pères	cinq	fabricant de meubles sculptés, meubles antiques.
	Rech fils	53, rue des Saints-Pères	six	tapissier fabricant de meubles.
	Dey	73, rue du Chaillot	cinq	tapissier fabricant de meubles.
	C. Chevalier	62, rue de Grenelle-Saint-Germain	six	tapissier fabricant de meubles.

	MM.		CHIFFRE DES MANDATS (0/0 contre-signés pour les Vendeurs, calculé sur un achat de 100 francs.) Pour P.	
ANNONCES	Prot aîné	6, rue de Choiseul	cinq	annonces, publicité à l'usage du commerce, dans tous les journaux de Paris et de la province.
	Delas	123, rue Saint-Honoré	dix	publicité sur les colonnes de la Bastille et de l'Ambigu-Comique.
	Agence des journaux étrangers	18, rue Lepeletier	dix	annonces, renseignements, abonnements, correspondances et ordres d'achats à l'étranger.
APPAREILS D'ÉCLAIRAGE	Rivaud	27, rue Neuve-des-Petits-Champs	cinq	éclairage de navires, fournisseur des services maritimes, des messageries impériales, paquebots-poste.
	Vassal	8, rue Neuve-Ménilmontant, impasse de Bretagne, 7	huit	fabrique d'appareils pour l'éclairage par le gaz, appareils d'ateliers et de bureaux avec tiges, brevetés s. g. d. g.
	Charpentier	89, faubourg Saint-Martin, et 54 boulevard de Strasbourg	dix	pose d'appareils à gaz.
	Lecointe	54, boulevard de Strasbourg, passage du Désir, escalier A, maison du Gagne-Petit	cinq	spécialité de fournitures et de pose d'appareils à gaz, entretien desdits appareils par abonnement.
	Chenaillier	16, rue des Petites-Écuries	deux	entreprise d'éclairage par abonnement.
ARGENTEURS ET DO-REURS (procédé Ruolz)	Villeneuve	26, rue Fontaine-au-Roi	dix	argenteur, doreur, maillechort.
	Keller	75, rue du Temple	dix	dorure, argenture, procédé Ruolz, réargenture des vieux couverts et de vieux plaqués, service de table en maillechort, imitation d'argent, fourniture des cafés et restaurants.
	Calibre	50, rue Fontaine-au-Roi	dix	argenteur, doreur, argenture sur étain.
	Taillet	6, boulevard des Italiens	six	dorure et argenture, oréide, métal nouveau, breveté s. g. d. g.
	Girard	9, rue d'Alger	cinq	argenture autogène.
ARQUEBUSIERS	Maison Günther, Vieux, successeur	33, galerie Vivienne	dix	fabrique d'armes de luxe, de chasse et de commerce.
	Thomas	21, passage de l'Orme	cinq	arquebusier et fournisseur de la ville de Paris, armes en tous genres, sabres, épées, etc., etc.
	Caron, Firmin, successeur	20, passage de l'Opéra, et 8, boulevard des Italiens	cinq	armurier de Sa Majesté l'Empereur.
	Lainé	222, rue Saint-Antoine	six	spécialité de révolvers à cartouches métalliques, armes en tous genres.
	André fils	7, boulevard Saint-Martin	six	armes de luxe, fusils à bascule, médaille de première classe.
	Ed. Lefaure	20, passage Jouffroy	cinq	fabrique et magasin d'armes.
	Laborne	128, Grande-Rue, à Vaugirard	trois	arquebusier, article de chasse, quincaillerie pour bâtiment.
ARTICLES DE CHASSE	Maison Günther, Vieux, successeur	33, galerie Vivienne	dix	armes de chasse.
	Lancelot	120, rue Montmartre	trois	articles de chasse en tous genres.
	Thomas	21, passage de l'Orme	cinq	fusils doubles de Paris, grand choix d'armes de chasse, couteaux de chasse, etc.
	Caron, Firmin, successeur	20, passage de l'Opéra, et 8, boulevard des Italiens	cinq	armes de chasse en tous genres.
	Sinet	23, rue Neuve-des-Petits-Champs	cinq	articles de chasse et de pêche en tous genres.
	André fils	7, boulevard Saint-Martin	six	armes de chasse, médaille de première classe.
	Ed. Lefaure	20, passage Jouffroy	cinq	armes de chasse en tous genres.
	Lainé	222, rue Saint-Antoine	six	armes à feu, armes de chasse.
	Cret	168, r. de Rivoli (grand hôtel du Louvre)	huit	articles de chasse en tous genres
	Ch. Caron	9, rue des Dames, à Batignolles	cinq	articles de chasse et de pêche.

	MM.		CHIFFRE DES MANDATS Reçus comme espèces par les Vendeurs, calculé sur un achat de 100 francs. Pour fr.	
ARTICLES de FANTAISIE	Ben-Sadoun	172, rue de Rivoli	cinq	essences et parfums, bijouterie arabe, étagères, lanternes mauresques, etc.
	—	30, boulevard des Italiens, au Sultan	six	tabletterie, porte-monnaies, fantaisies
	Nalin	51, galerie Montpensier	cinq	porcelaines, curiosités, corbeilles de fleurs, vases et jardinières.
	Taschereau	40, passage Jouffroy	dix	articles de fantaisie pour bureaux.
	Claverie	58, passage Vivienne	cinq	fantaisies or et argent, et oxyde artistique.
	Collignon frères	189, rue du Temple	cinq	articles et sculptures suisses.
	Fouché	28, passage Verdeau	cinq	meubles de fantaisie, boule et bois de rose, intérieur en porcelaine.
	Liebmann	52 et 54, rue de la Roquette	dix	pianos-nécessaires, porte-cigares à musique.
	Becker et Otto	79, rue du Temple	huit	fabrique de meubles en laque et fantaisies en tous genres.
	Mainfroy	66, faubourg Saint-Martin	dix	bronze d'art, briquets, coffrets, encriers, cadres, bénitiers, christs, sujets religieux, etc., etc.
	Calibre	40, rue Fontaine-au-Roi	cinq	meubles de boule, bois de rose, porcelaines de Chine et de Sèvres, porcelaines de chez Louis-Philippe.
	Clermont	296, rue Saint-Honoré	huit	porte-monnaies, porte-cigares, bijouterie écaille, albums, carnets de bal, etc.
	Guibert jeune et Soiron	171, rue du Temple	six	articles de fantaisie, articles de fumeur, trousses, nécessaires, tabletterie.
	Smal, L. Dujat, successeur	7 et 8, galerie Montpensier	dix	*relieur de S. M. l'Empereur* : émaux, argent vieilli, bois sculpté, maison spéciale pour les livres de mariage, riches livres d'heures, grands et petits missels, porte-cartes de visite en maroquin, cuir de Russie, etc.; nouveaux bracelets en velours, d'un goût recherché et inconnu dans le commerce; prières gothiques, manuscrites sur peau de vélin, rehaussées d'or bruni en relief, à l'instar des anciens manuscrits.
	Alexandre Despierres	3, rue de l'Échelle	six	coffrets, cachets, fantaisies, émaux à froid et à chaud.
	Boulounois	119, rue Vieille-du-Temple, et 8, rue Saintonge	six	applications en cuir souple et en cuir durci, compacte, poli, sculpté comme le bois, en fer, or et argent, applicables à tous ouvrages de fantaisie, tapisserie, broderie, modes, décors, etc., etc.
	R. Haarhaus	36, rue Hauteville, 7, rue d'Assas, impasse, 8	six	peignes fantaisie, écaille et ivoire.
ARTICLES DE MÉNAGE	Legrand	58, faubourg Poissonnière	quinze	photophores, articles de ménage.
	Lebrun Bretignères	99, boulevard Beaumarchais	cinq	quincaillerie de ménage, seau hygiénique, breveté, intérieur en porcelaine.
	Bourgine	37, rue Poissonnière	cinq	fabrique de soufflets en tous genres, raccommodages.
	Pichot	5, rue Louis-Philippe	six	articles de ménage.
	Legrand	48, faubourg Poissonnière	cinq	ustensiles de ménage, quincaillerie.
	Sinet	27, rue Neuve-des-Petits-Champs	deux	filtres mobiles et de voyage, breveté, médaille de première classe.
	Duplany	56, faubourg Saint-Denis	six	brûloirs à café pour épiciers et limonadiers, moulins à café, torréfaction hygiénique pour le brûloir dit conservateur d'arôme.
	E. Vandenbroucke	14, rue de Strasbourg, ancien 16	six	magasin d'articles de ménage, cuivre, fer-blanc, fer-battu, fonte, lampes et quincaillerie.
	Irénée Lestienne	2, rue des Quatre-Fils	quatorze	fabrique de fourneaux économiques et portatifs.
	Lecomte	67, rue Saint-Germain-l'Auxerrois	trois	appareils de chauffage, fourneaux, coquilles, etc., etc.
	Delpuech	7, rue du Buisson-Saint-Louis	cinq	fabrique de fourneaux de blanchisseuses.
	Lafon jeune	26, rue Neuve-Coquenard	cinq	fabrique de fourneaux économiques et de cuisine, brûloirs à café, étouffoirs, appareils de fumisterie, etc.
	Lafon aîné	24, rue des Tournelles	cinq	spécialité d'articles de ménage.
	Dufeu	41, rue de Chaillot	six	articles de ménage, quincaillerie.
	L. Coussin	53, rue des Acacias, aux Ternes	cinq	articles de ménage, quincaillerie.
	Ch. Caron	9, rue Des-Dames, à Batignolles	six	articles de ménage en tous genres, ferblanterie, fabrique de lampes.
	Watrelos	26, rue de Paris, à Belleville, ci-devant 16, rue de Tourtille	cinq	poterie d'étain.
	Fevrier	36, rue des Saints-Pères	cinq	fabrique spéciale de poterie d'étain.
	Ch. Gaudechon	44, rue du Bac	six	tabletterie, porte-cigares, spécialité de pipes en écume.
ARTICLES de FUMEURS	Nalia	51, Palais-Royal, à la Grosse Pipe	cinq	articles de fumeurs et priseurs.
	Fouché	28, passage Verdeau	vingt	papier à cigarettes catalan, maison de gros.
	Verdavoinne	8, rue Albony, aux Armes de France	quatre	fabrique spéciale de pipes.
	Trebitsch	349, rue Saint-Martin	six	briquets, porte-allumettes (fabricant), garnitures de pipes d'écume, objets de fantaisie, France et exportation.
	Chauvin	78, rue du Temple	dix	porte-papier à cigarettes, fantaisies.
	Alexandre Despierres	3, rue de l'Échelle	six	articles de fumeurs, trousses, tabletterie, etc.
	Smal, L. Dujat, successeur	7 et 8, galerie Montpensier	six	pipes en gros, spécialité de tous les articles concernant les débits de tabac; seul dépôt, en France, des véritables pipes anglaises de la Maison Bristol, de Londres, dépôt de la Maison Bruneau, de Givet.
	E. Roch	41, rue Richelieu, à la fontaine Molière		

	MM.		CHIFFRE DES MANDATS Remise commune espérée par les Vendeurs, calculé sur un achat de 100 francs. Pour fr.	
ARTICLES DE TOILETTE	Legrand	48, rue du Faubourg-Poissonnière	six	peignes fantaisie, écaille et ivoire.
ARTICLES DE VOYAGE	Roquancourt	19 et 24, rue de Grammont	huit	caisses et malles en tous genres, inventeur d'un nouveau système d'emballage pour chapeaux et coiffures de dames.
	Torey	54 et 56, galerie Vivienne	huit	fabrique d'articles de voyage, spécialité de paletots en fourrures.
	Lancelot	120, rue Montmartre	trois	fabrique d'articles de voyage.
	Claverie	58, galerie Vivienne	dix	trousses et nécessaires.
	Midac et Gaillard	63, rue du Temple	sept	fabrique de trousses (nécessaires) en gros.
	Bourgeois jeune	15, rue Culture-Sainte-Catherine	cinq	fabrique spéciale de malles et boîtes à chapeaux.
	Sinai, L. Dujat, successeur	7 et 8, galerie Montpensier	six	maison spéciale de trousses et nécessaires de voyage.
	Cret	168, r. de Rivoli (grand hôtel du Louvre	huit	articles de voyage en tous genres.
ARTIFICIERS	Honoré frères	65, rue Lafayette	dix	pièces d'artifices, entreprise de fêtes publiques, illuminations.
	F. Barnett	7, rue de Richelieu	quinze	fleurs et fruits transparents, décorations, illuminations pour fêtes et soirées, vente et location d'appareils d'éclairage.
ASSURANCES SUR LA VIE HUMAINE				assurance sur la vie humaine, garantie offerte aux assurés *cinq millions* de francs.
ASSURANCES CONTRE L'INCENDIE.	Agent des compagnies, Prot aîné	6, rue de Choiseul	quinze	compagnie anonyme d'assurance sur la vie humaine, en mutualité à primes fixes, et contre les accidents des chemins de fer. Capital social : *six millions* de francs.
ASSURANCES CONTRE LES SINISTRES DU COMMERCE				assurance à primes fixes, remboursement immédiat des sinistres du commerce.
ASSURANCES CONTRE LE BRIS DES TITRES ET GLACES				assurance contre le bris des glaces ou carreaux des devantures de boutiques.
BANDAGISTES ORTHOPÉDISTES	Drapier et fils	41, r. de Rivoli, et 7, boulev. Sébastopol	vingt	ex-herniaire des hôpitaux de Paris, breveté : bandages, ceintures, biberons, coussins à air, toute espèce d'appareils pour l'allaitement artificiel, béquilles, clyso-pompes, bas élastiques, irrigateur véritable du docteur Eguisier.
	Bourcy	7, rue Notre-Dame-des-Victoires	quinze	bandagiste, herniaire, orthopédiste, ex-fournisseur des hôpitaux.
	J. François et Cie	14, rue de Richelieu, en appartement	dix	bandagiste orthopédiste, en appartement.
	Thier	39, passage Choiseul	trente	biberons, toutes espèces d'appareils pour l'allaitement artificiel.
BASCULES et BALANCES	Mégi	54, Grande-Rue, à La Chapelle	cinq	balancier, ajusteur.
BATTERIE DE CUISINE	Bourgine	37, rue Poissonnière	cinq	quincaillerie de ménage.
	E. Destot	84, rue Quincampoix	cinq	spécialité de moules et ustensiles en cuivre à l'usage des cuisiniers, pâtissiers, confiseurs et chocolatiers, fabricants de biscuits et glaciers, etc., brevets français, anglais et belges.
	Sinct	23, rue Neuve-des-Petits-Champs	cinq	quincaillerie de ménage.
	Trottier fils	4, rue Saint-Honoré	cinq	fabrique spéciale de toutes espèces de moules en cuivre et fer-blanc pour pâtissiers et cuisiniers.
	Veuve Ricard jeune	44 et 51, Grande-Rue, à La Villette	cinq	chaudronnier-lampiste, assortiment de batterie de cuisine et ustensiles de ménage.
	Lapierre	165, Grande-Rue, à Vaugirard	cinq	chaudronnier, ustensiles de ménage.

	MM.		CHIFFRE DES MANDATS Remise consentie par les Vendeurs, calculé sur un achat de 100 francs. Pour fr.	
BIJOUX en or et argent	Coffignon frères	189, rue du Temple	cinq	fabricants bijoutiers-joailliers, orfévrerie, bijouterie d'art, fantaisies or et argent, et oxyde artistique, coupes riches et bénitiers, cachets, etc., etc.
	Jalliffier	15, boulev. St-Denis, à Charles-Quint	cinq	maison spéciale d'horlogerie.
	Léon Aron	55, boulev. St-Martin, au Télégraphe	cinq	bijoutier, horloger.
	Mozard	143, faubourg Saint-Denis	dix	horloger.
	Maurice Lévy	31, boulevard Bonne-Nouvelle	six	horloger, bijoutier.
	Baucheron	15, boulevard Saint-Denis, à la Promise	huit	bijouterie pour deuil.
	Pasquier	5, rue Saint-Sauveur	deux	bijouterie en tous genres.
	Beaufour Lemonnier	10, boulevard des Italiens et passage de l'Opéra	cinq	bijoutier et dessinateur en cheveux, breveté s. g. d. g.
	Arnoult	197, rue Saint-Honoré, à Saint-Roch	six	bijouterie pour deuil.
	Chauvin	78, rue du Temple	huit	tabatières de fantaisie, étuis à cigarettes, porte-monnaies, etc., etc.
	Archambault	167, rue du Temple	dix	spécialité de bracelets montés sur caoutchouc, bijouterie de fantaisie en doré-argent.
	Piel et Nanteau	79, rue du Temple	dix	bijoutier fantaisiste, fabrique de porte-monnaies, indispensables, nécessaires pour dames, coffres et coffrets, livres de messe, carnets de bal.
	Bricteux	2, rue et place Louvois	cinq	bijoutier-joaillier.
	Maynial	62, rue du Temple, pass. St-Avoye, 8	huit	bijouterie dorée, chaines de gilet, épingles de coiffure, clefs Bréguet, bracelets, groupes et breloques.
	Block et C°	90, rue Vieille-du-Temple	sept	fabricant de bijoux en tous genres, chaines, groupes, clefs, or et argent.
	Taillot	6, boulevard des Italiens	six	bijouterie, oréide, nouveau métal breveté s. g. d. g.
	D. Girard	9, rue d'Alger	cinq	corail et ambre pour la bijouterie et l'exportation.
	May	1, rue du Petit-Lion	sept	fabricant de camées, spécialité, articles pour bijoutiers.
BILLARDS (fabricants de)	Moussel	62, rue des Marais-Saint-Martin	six	fabrique de bandes métalliques et répulsives pour billards, spécialité, breveté s. g. d. g.
	Maillard	25, rue des Poissonniers, à Montmartre	cinq	fabricant de billards.
BLANC gros et détail, toiles et calicots	Delacroix	91, 93 et 95, faubourg Saint-Denis, à la Ville de Saint-Denis	cinq	grand magasin de blanc, toiles et calicots.
	Tête et Duval	19, boulevard Saint-Denis, à Malvina	cinq	grand magasin de blanc, toiles et calicots.
	Ternisien, Dorlé et C°	12, faub. Montmartre, à l'Étoile du Nord	cinq	grand magasin de nouveautés, blanc, toiles et calicots; vente au détail.
	Ternisien, Dorlé et C°	12, faub. Montmartre, à l'Étoile du Nord	deux	grand magasin de nouveautés, blanc, toiles, calicots; vente en gros.
	C. Beghin-Morelle	191, rue Saint-Antoine	six	maison spéciale de blanc, toiles et calicots.
	Barbier	28, rue du Faubourg-Saint-Antoine, et rue de Charenton, 27 ter, au Bon Tisserand.	huit	maison spéciale de blanc, lingerie, trousseaux et layettes.
	H. Clément	30, rue de Bretagne	trois	blanc de coton, toiles, calicots.
	Vendome Hirne	21, rue de la Chaussée-d'Antin	cinq	linge damassé de Saxe et français, prix de fabrique, gros et détail.
	Henriot Derche	10, rue Doudeauville, à la Chapelle-St-Denis, au Tisserand de la Ménagère	six	dépôt de fil de main et des fabriques de Lille, d'Alençon et de Vimoutiers, bâches, etc.
	Mademoiselle Levennier	9, rue de l'Église, à Batignolles, à Notre-Dame-des-Victoires	six	spécialité de blanc, chemises de dames, camisoles, jupons, gilets de flanelle.

	MM.		CHIFFRE DES MANDATS. Reçus comme espèces par les Vendeurs, calculé sur un crédit de 100 francs. Pour fr.	
BLANC GROS ET DÉTAIL. TOILES ET CALICOTS (*Suite*).				
BOIS ET CHARBONS	J. Thévenot	47, rue de Paris, à Charonne	cinq	charbons de bois, charbons de terre, coke et bois à brûler, falourdes et cotrets.
	David	8, rue des Amandiers, Charonne	trois	bois au poids et à la mesure, charbons de terre et de bois, coke, falourdes, cotrets, etc.
	Hollier fils	56, boulevard Clichy, à Montmartre	trois	bois au poids et à la mesure, scié et non scié, à couvert, charbons de terre et de bois, charbons économiques.
	Eugène Baron	170, chantier de la rue de Grenelle	trois	bois à brûler de toutes espèces, rendus à domicile sans vrais, bois scié au poids et à couvert, charbons de terre français et étrangers.
BOIS DE MENUISERIE ÉBÉNISTERIE ET PARQUET				
BENZINE	Gustave Tardif	51, rue du Temple	vingt-cinq	esprit minéral zuccani, la meilleure des benzines et essences pour enlever toutes espèces de taches provenant des corps gras, nettoyage de gants.
BOITES A TAMPON	L. Mequignon	5, passage Feuillet	dix	spécialité de tampons humides.
BONNETERIE	Delacroix	91, 93 et 95, faubourg Saint-Denis, à la Ville de Saint-Denis	cinq	bonneterie, tricots, jupes, caleçons.
	Baucheron	15, boul. St-Denis, à la Reine Artémise	huit	maison de deuil, bonneterie.
	Lefrère	67, rue Neuve-des-Petits-Champs	cinq	spécialité de bonneterie.
	Madelain	3, r. Montmartre, au Passage St-Eustache	cinq	mercerie, bonneterie, gilets de flanelle.
	Arnoult	197, rue Saint-Honoré, à Saint-Roch	six	maison de deuil, bonneterie, mercerie.
	Lucien Mennessier et Cⁱᵉ	7 et 9, rue du Faubourg-St-Martin, et boulevard Saint-Denis, 6, aux Trois Frères	cinq	nouveautés, bonneterie.
	H. Clément	39, r. de Bretagne, aux Enfants Rouges	trois	mercerie et bonneterie.

	MM.		CHIFFRE DES MANDATS Reçus comme-spécimen par les Vendeurs, calculé sur un achat de 100 francs. Pour fr.	
BOULANGERS (Pour les articles d'alimentation, voir le Supplément publié à la fin du répertoire.)				
BOUCHERS (Voir la liste supplémentaire.)				
BOTTIERS	Sesquès	24, rue Neuve-Saint-Augustin	cinq	bottier fabricant de chaussures pour hommes.
	Choisel	43, rue des Vieux-Augustins	six	bottier, spécialité de chaussures pour hommes.
	Larèche	29, rue Dauphine	cinq	chaussures pour hommes et enfants.
	Marcais	20, rue Sainte-Anne	dix	bottier, bottines et souliers.
	Oberlé	135, rue de Grenelle-Saint-Germain	cinq	bottier, assortiment de chaussures pour hommes et dames.
	Habez	14, r. de la Boucherie, au Gros-Caillon, à la Botte Rouge	quatre	bottier, cordonnier, chaussures en tous genres.
	Aloyeuvre	179, r. St-Dominique-St-Germain, id.	cinq	cordonnier bottier, chaussures pour hommes, dames et enfants.
BOUCHONS (FABRIQUE DE) EN LIÈGE.	Comle	1, rue du Boulevard, à Batignolles	trois	fabrique de bouchons en tous genres, liége en planches, broches, bocaux, articles pour pharmacie et parfumerie.
BRODERIES (MARCH^D DE).	Brodeuses vosgiennes	30, rue Vivienne	cinq	fabrique de broderies, mouchoirs, cols, robes, jupons, camisoles et peignoirs.
BRASSEURS Représentés par	Alfred Prot	6, rue de Choiseul	cinq	bière de Paris, bière blanche, bière de Strasbourg, bière de Bavière (adresser les commandes par lettres affranchies, on ne livre pas moins d'un demi-quart).
BRONZES	Rolland	8, rue d'Angoulème-du-Temple	cinq	fabrique de bronzes, pendules, candélabres, lustres, coupes, flambeaux, etc.
	Vauvray frères	37, rue des Marais-Saint-Martin	dix	fabrique de bronzes, lampes brevetées (exposition publique tous les jours, les dimanches et fêtes exceptés).
	Mesnier et Cie	24, boulevard des Italiens	cinq	bronzes, glaces et ameublement.
	Clermont	206, rue St-Honoré, à l'Église St-Roch	cinq	pendules, candélabres, lustres, etc., etc.
	Lafon	8, rue Neuve-Ménilmontant	dix	fondeur, fabricant de bronzes.

	MM.		CHIFFRE DES MANDATS reçus remis en pièces par les Vendeurs, calculé sur un achat de 100 francs. Pour fr.	
BRONZES (*Suite*)	Faye	24, rue Charlot	cinq	pendules, candélabres, lustres; bras, statuettes et flambeaux, bouts de tables, coffrets, encriers, coupes et autres, bronzes d'art et garnitures renaissance.
	Rivand	27, rue Neuve-des-Petits-Champs	cinq	fabrique de bronzes, lampes, montures en porcelaines, pendules, candélabres, lustres, etc.
	Camille Mariette	8, rue de Limoges	cinq	fabrique de bronzes, spécialité de pendules en tous genres.
	Boulonnois	119, r. Vieille-du-Temple et r. Saintonge, 8	six	fabrique de bronzes, coffrets, cachets, fantaisies, émaux à froid et à chaud.
	Bion	36, rue Amelot	trois	feux, chenets, galeries, pelles, pincettes, etc. Vente en gros.
	Lépine, Bourdon et Cᵉ	64, rue Vieille-du-Temple	dix	fabrique de pendules, bronzes et composition.
	Fremont	12, rue de la Cerisaie	cinq	fabrique de cuivrerie, tourneur, monteur et repousseur en cuivre.
BROSSERIE	Lancelot	120, rue Montmartre	trois	articles de brosserie spéciale pour les voitures.
	Suisse	160, rue Montmartre	cinq	brossier, vanier, boisselier, tabletterie, plumeaux, paillassons, éponges.
	Rouy	28, rue de la Chaussée-d'Antin	cinq	magasin spécial de brosserie en tous genres.
	Cher	11, rue Drouot	cinq	brosserie en tous genres.
	Legrand	48, faubourg Poissonnière	six	spécialité de brosserie fine, vannerie, plumeaux, tapis, brosses sur mesure.
	Sinet	23, rue Neuve-des-Petits-Champs	cinq	brosserie et plumeaux.
	Poupel	179, rue Saint-Martin	cinq	fabrique de brosserie fine.
	Ernest Martin	74, rue de Montreuil, à Charonne	cinq	fabrique de brosses pour carrosserie et écuries, éponges, etc.
	Mᵐᵉ Calliet	57, r. de Flandre, à la Grande-Villette	six	fabrique de brosserie, plumeaux, pinceaux, paillassons, éponges, peignes, soufflets, parfumerie, etc., gros et détail.
	Michaëlis	156, rue du Faubourg-Saint-Antoine	cinq	fabrique de brosseries, plumeaux, balais, pinceaux, etc.
BOUTEILLES et BOUCHONS ustensiles de cave	Julien Huet	14, rue Favart, aux Verreries du Nord	trois	bouteilles de toutes les verreries de France, au prix de fabrique, magasin de bouchons, cloches et bocaux, planches à bouteilles et ustensiles de caves, colle de poisson, gros et détail.
	Guillou frères	21, rue des Poissonniers, à Montmartre	cinq	verreries et bouteilles.
CACHEMIRES	Arnoult	197, rue Saint-Honoré, à Saint-Roch	six	cachemires unis, mérinos et stofs, cachemiriennes barpoor, baréges, etc., etc.
COMMISSION et tous genres	Prot aîné	6, rue de Choiseul	cinq	commission pour toute espèce d'articles.
CADRES et encadrements	Caron	32 et 34, passage du Grand-Cerf	trois	encadrements, bordures de glaces.
	Derche	3, place de la Bourse	trois	encadrements et bordures de glaces.
	Dordet	6, rue Sainte-Anne	cinq	encadrements et bordures de glaces.
CONSTRUCTION				
CAFÉ (spécialité de)	Desanlle	9, boulevard Poissonnière et succursal rue de Rivoli, 9	cinq	café et essence de café Royer de Chartres.
	Bise et Cᵉ	45, chaussée Clignancourt, à Montmartre	six	spécialité de cafés, thés, chicorées et bougies.
	Maître	18, rue de Chaillot	trois	cafés, thés, chocolats, demi-gros et détail.
	Guidez	68, rue des Dames, à Batignolles	trois	cafés, thés, chocolats.
	Denis	160, rue St-Dominique-St-Germain, Gros-Caillou	cinq	magasin de cafés, chicorées, thés, chocolats.
	Daussin-Poiret	22, rue Neuve-Saint-Méry	cinq	chicorée torréfiée, pâte substantielle à la réglisse anisée.

	MM.		CHIFFRE DES MANDATS Ne pas compte expédiés par les Vendeurs, calculé sur un achat de 100 francs. Pour 1r.	
CALORIFÈRES	Deloison	20, boulevard des Filles-du-Calvaire	quinze	calorifères pour la marine et les appartements, nouveau système.
	Joly et Cᵉ	18, rue Drouot	cinq	calorifères Joly, appareils de toutes grandeurs et de tous prix.
	Delpuech	7, rue du Buisson-Saint-Louis	trois	calorifères en tous genres, brevetés s. g. d. g.
	Loupe	22, boulevard Poissonnière, fabrique, 28, rue Bellefond	cinq	fabrique de cheminées, calorifères, médaille à l'exposition universelle de 1855.
	L. Vandenbroucke	14, rue de Strasbourg (ancien 16)	six	Inventeur et fabricant breveté s. g. d. g., fourneaux de cuisine, calorifères, poêles allemands.
	Lafond aîné	24, rue des Tournelles	cinq	construction de poêles et calorifères en tous genres.
	Sartori	75, rue Charlot	quatre	construction de poêles et calorifères en tous genres, fourneaux de toutes sortes.
	Delrieu	41, rue Richard-Lenoir	cinq	spécialité de fourneaux économiques pour restaurants et bourgeois, cheminées, calorifères.
CANNES	Signoret	171, rue du Temple	huit	cannes, fouets, cravaches.
	Lancelot	120, rue Montmartre	trois	fouets et cravaches.
	Dharville	7 bis, boulevard Poissonnière, maison du Paraverse	cinq	cannes et parapluies, fabricant breveté.
	Wissemans	4, rue Feydeau	cinq	cannes, fouets et cravaches en tous genres.
CAOUTCHOUC	Maurel	81, rue de Rivoli	huit	fabrique de vêtements en caoutchouc, breveté en France et en Angleterre.
	Cret	108, r. de Rivoli (grand hôtel du Louvre)	huit	caoutchouc et toiles cirées, fabrique de vêtements, manteaux, paletots, cabans, vareuses, capuchons et jambières, chaussures américaines, tuyaux, rondelles, etc., etc.
CARNETS ANGLAIS	J. Hubert	8, rue Montmorency, manufacture à Arcueil (Seine)	sept	manufacture de carnets dits anglais, albums in-4°, in-8° divers et registres.
	Alexandre Despierres	3, rue de l'Échelle	dix	carnets anglais en cuir de Russie ou en maroquin très soigné, etc.
CARROSSIERS	Lancelot	120, rue Montmartre	trois	articles de carrosserie, essieux, ressorts, ferrures, garnitures, draps, crins, toiles, boucleries, cirage et vernis, etc., etc.
	Ernest Martin	74, rue de Montreuil, à Charonne	cinq	garniture et réparation de voitures.
CARTONNAGES	Combe	95, rue Saint-Sauveur	cinq	cartonnages en tous genres, emballages, spécialité pour fleurs
	Maillet	22, rue Sainte-Anne	trois	cartons en tous genres, reliure et dorure.
	Conte Alxem	7, rue Singer	cinq	cartons pour côtés de couvertures de journaux, avec ou sans annonces.
	Arquin	112, rue du Temple	cinq	fabrique de cartonnages, boîtes rondes et ovales, pour parfumeurs et pharmaciens, cartonnages carrés.
CARTON BITUMINÉ	Émile Revest	45, rue des Petites-Écuries, usine à Clichy, 60, route de la Révolte	dix	carton bituminé pour toitures, papier verni pour emballage.
CARTON-PIERRE	Delapierre	17, rue de Chabrol, ancienne maison Deschamps	dix	sculpture et décoration en carton-pierre.

	MM.		CHIFFRE DES MANDATS Reçus radiotgraphes par les Vendeurs, calculé sur un achat de 100 francs. Pour le.	
CAVES A LIQUEURS	David	45, passage Vivienne	cinq	porcelaines et cristaux, caves à liqueurs.
	Deslandes	4, rue d'Hauteville	cinq	porcelaines et cristaux, caves à liqueurs.
	Becker et Otto	79, rue du Temple	dix	caves à liqueurs, forme sphère.
CHALES	Tête et Duval	19, boulevard Saint-Denis, à Malvina	cinq	châles et confection pour dames.
	Delacroix	91, 93 et 95, faubourg Saint-Denis, à la Ville de Saint-Denis	cinq	châles et confection pour hommes et pour dames.
	Boisserie et Cⁱᵉ	17, boulevard St-Martin, à la Promise	huit	fabrique de châles, confection, fourrures et cravates.
	Baucheron	15, boul. St-Denis, à la reine Artémise	huit	spécialité de deuil, confection, soieries, châles, etc.
	Arnoult	197, rue Saint-Honoré, à Saint-Roch	six	spécialité de deuil, confection, châles, cachemires, etc.
	Ben-Sadoun	30, boulevard des Italiens, et 172, rue de Rivoli, au Sultan	cinq	châles de Tunis et de Maroc.
	Ternisien, Dorlé et Cⁱᵉ	12, faubourg Montmartre, à l'Étoile-du-Nord	cinq	châles et nouveautés en détail.
			deux	châles et nouveautés en gros.
	Compagnie parisienne	20, rue Favard, boulevard des Italiens	cinq	mise en vente de 30,000 châles : châles larges, châles carrés, châles longs, etc.
CHAPEAUX DE PAILLE ET PANAMAS				
CHAPELIERS	Bac	35, faubourg Saint-Denis	six	chapeaux et casquettes en tous genres.
	Cadessus	11, place de la Bourse	dix	fabrique de chapeaux et casquettes, panamas.
	Forest	63, boulevard Saint-Martin	six	chapellerie en tous genre, panamas, fantaisies et nouveautés pour enfants.
	Kunzé	163, rue Montmartre	dix	fabrique de chapeaux, panamas.
	Tonbert	18, rue de Choiseul	six	chapeaux et casquettes en tous genres, panamas.
	Labbé	10 et 12, passage de l'Opéra	dix	chapeaux de feutres et de soie, casquettes et bonnets en tous genres.
	Druard	29, boulevard Poissonnière	six	chapeaux en tous genres, spécialité de chapeaux d'enfants.
	Provost	185, rue Saint-Honoré	dix	fantaisies et nouveautés pour enfants, inventeur breveté des chapeaux imperméables, crêpes en caoutchouc et capes anhydriques préservant les chapeaux de la pluie.
	Lévêque, succʳ de M. Dejoux	177, rue Saint-Antoine	dix	chapellerie en tous genres.
	P. Naville	55, Grande-Rue, à Passy	quatre	chapeaux de soie, grand choix de chapeaux souples, casquettes et fantaisies pour enfants ; chapeaux de paille pour dames.
	Gros	28, avenue des Ternes, Chapellerie des Ternes	cinq	chapellerie en tous genres, gros et détail, coiffures militaires.
	A. Kalekaire	Chapellerie Parisienne, r. de l'Abbaye, à Montmartre	douze	chapeaux et casquettes de fantaisie pour enfants, feutres et articles pour dames, fournisseur de la garde nationale, gr. choix de chapeaux de paille.
	Girardey	5, rue Simon-le-Franc	trois 1/2	fabrique de casquettes, vente en gros.
	Girardey	25, Grande-Rue, à La Chapelle, et 31, rue de Flandre, à La Villette	cinq	chapellerie et casquettes en détail. (Le magasin de chapellerie est à La Chapelle et celui de casquettes à La Villette.)
	Coulombel	72, rue de Flandre, id.	cinq	fabrique et magasin de chapeaux, casquettes, schakos, képis, filtres pour MM. les distillateurs.
	Clédat	94, rue du Bac	six	chapellerie, assortiment de casquettes, équipements militaires.
	Monroy	6, rue Saint-Dominique-Saint-Germain	dix	chapeau élastique Monroy, breveté s. g. d. g., chapellerie en tous genres.
	Souillard	44, avenue de Clichy, à Batignolles	cinq	chapellier, casquettier.
	Monédié	66, rue Bonaparte	six	chapellerie civile et ecclésiastique.
	Turrelle	110, rue des Amandiers, à Belleville	cinq	fabrique de chapeaux, commission, exportation.
	J.-M. Garnier	15, rue du Marché, à Grenelle	six	fabrique de chapeaux, gros et détail.
	Souillard	85, rue de Sèvres, à Vaugirard	dix	chapellerie en tous genres.
	F. Trudon	115, rue de Vaugirard, id.	cinq	fabrique de chapeaux et casquettes en tous genres.
	Benedetti	150, rue St-Dominique-St-Germain	quatre	fabrique de casquettes en tous genres, chapeaux de paille et autres.
	René Malherbe	13, rue de Rivoli	six	fabrique de chapellerie, casquettes et fantaisie pour enfants.

	MM.		CHIFFRE DES MANDATS Reçus chaque expédition par les Vendeurs, calculé sur un achat de 100 francs. Pour fr.	
CHAUFFAGE AU GAZ	Ch. Bauby et Vassal	8, rue Neuve-Ménilmontant, impasse de Bretagne, 7, succur., 31, r. d'Enghien	huit	fabrique d'appareils pour l'éclairage et le chauffage par le gaz.
CHAUFFAGE à la lampe	Deluison	20, boulevard des Filles-du-Calvaire	quinze	brevet d'invention, brevets anglais et belges, chauffage à la lampe des wagons, voitures, baignoires et bains de siége.
CHAUSSURES	Hollette	16, rue Jean-de-Beauvais, à la Nuée de Chaussons	deux	maison spéciale de chaussons, commission, exportation.
	Larèche	29, rue Dauphine, à la Vénitienne	cinq	chaussures pour hommes, dames et enfants.
	Sesquès	24, rue Neuve-Saint-Augustin	cinq	spécialité de chaussures pour hommes.
	Deglaye	92, rue Richelieu	trois	chaussures pour dames, hommes et enfants.
	Calmer	2, place Louvois	six	chaussures pour hommes et pour dames.
	Ancienne maison Maroger, Turbé, successeur	176, r. Montmartre, à la Paix de Dieu	six	grande manufacture de chaussures cousues et clouées, pour hommes, femmes et enfants.
	Greder	16, rue Neuve-des-Petits-Champs	cinq	chaussures pour dames, spécialité de chaussures pour bal, fournisseur de plusieurs cours étrangères, inventeur breveté s. g. d. g.
	Sassé	90, rue Vieille-du-Temple	cinq	fabrique et magasin de chaussures sans couture, pour hommes et pour dames.
	Rouland	34, faubourg Poissonnière	cinq	fabrique et magasin de chaussures.
	Mayen	27, chauss. des Martyrs, à Montmartre	six	magasin de chaussures pour dames.
	N. Tellier	37, rue de l'Abbaye, id.	cinq	magasin de chaussures pour hommes, dames et enfants, sabots en tous genres.
	E. Luquin	25, rue de Jessaint, à La Chapelle	cinq	chaussures pour hommes et dames.
	Havard, Bouché gérant	42, rue des Dames, à Batignolles, au Lion Botté	six	fabrique et magasin de chaussures en tous genres.
	Sauvage	11, rue Lemercier, id.	cinq	chaussures en tous genres.
	Valadier	50, chauss. Ménilmontant, à Belleville	cinq	spécialité pour dames et enfants.
	Constant Laruelle	15, place d'Aguesseau, à Auteuil	cinq	chaussures pour hommes, dames et enfants.
	Déforge	108, rue de Paris, à Belleville, au Sabot Rouge	cinq	fabrique de sabots et galoches, grand assortiment de chaussures.
	Lalo	81, rue du Bac	cinq	fabrique de chaussures pour hommes et dames.
	Maison Santigny, Bizot succr	14, rue de Flandre, à La Villette	cinq	chaussures en tous genres pour dames et enfants, sabots et galoches, chaussons de tresse et lisière.
	Wilmes	31, rue des Saints-Pères	cinq	magasin de chaussures en tous genres.
	Hallotier	58, Grande-Rue, à La Chapelle	cinq	magasin de chaussures pour hommes, dames et enfants.
	Hardy	42, rue des Saints-Pères	cinq	chaussures pour hommes, dames et enfants.
	Chaillier	98, Grande-Rue, à Vaugirard, aux Dames de Vaugirard	cinq	magasin de chaussures pour hommes, dames et enfants.
	H. Rigaud	94, rue de l'École, id.	cinq	fabrique de chaussures en tous genres, vente en gros et détail, commission, exportation.
	Biloné	21, rue de Sèvres, id., à la Bonne Foi	cinq	magasin de chaussures pour hommes, dames et enfants.
	Merlin	45, rue de Sèvres, id., à la Botte Rouge	cinq	magasin de chaussures en tous genres.
	Reiser jeune	44, rue du Faubourg-Montmartre, à la Nouvelle France	cinq	magasin de chaussures pour hommes, dames et enfants, fantaisies en tous genres.
	Muller	107, rue des Amandiers, à Belleville	cinq	cordonnier, bottier.
	Combier	22, chaussée Ménilmontant, id.	cinq	cordonnier pour hommes et pour dames.
	Lilly Nicolas	80, rue de Montreuil, à Charonne	cinq	cordonnier pour hommes et pour dames.
	Bailly	53, rue Bonaparte	cinq	magasin de chaussures pour hommes, dames et enfants.
	Fabel	21, rue de l'Église, à Passy	deux	cordonnier pour hommes, dames et enfants.
	Boulet	39, rue de Montreuil, à Montreuil	cinq	cordonnier pour hommes et dames.
	Nicolas Couramly	21, rue de Tourtille, à Belleville	six	cordonnier, bottier.
	Mayen	27, chaussée des Martyrs, à Montmartre	six	cordonnier, bottier.
	Verhouttaeve	19, Grande-Rue de Charenton, à Bercy	cinq	cordonnier, bottier.
	Perin	44, rue de Flandre, à La Villette	quatre	cordonnier, bottier, pour hommes, dames et enfants.

	MM.		CHIFFRE DES MANDATS Reçus comme espèces par les Vendeurs, calculé sur un achat de 100 francs. Pour fr.	
CHEMISIERS, GROS ET DÉTAIL	Delacroix	91, 93 et 95, faubourg Saint-Denis, à la Ville de Saint-Denis	dix	confection pour hommes, lingerie, chemises, cols et cravates, gros et détail.
	Malteste	69, rue Montmartre	cinq	maison spéciale de chemiserie, gilet-chemise breveté en France, en Angleterre et en Belgique, gros et détail.
	Madelain	3, rue Montmartre	cinq	chemises en tous genres.
	C. Beghin-Morelle	191, rue Saint-Antoine	six	maison de blanc, chemises sur mesure.
	Marquet	104, rue de Richelieu	cinq	chemisier des princes, chemises, caleçons, gilets de flanelle, médaille à l'exposition universelle de Paris, 1855.
	Barbier	28, faubourg Saint-Antoine, et rue de Charenton, 27 ter, au Bon Tisserand	huit	maison de blanc, chemises sur mesure, gilets de flanelle, cottes et blouses.
	H. Clément	39, r. de Bretagne, aux Enfants Rouges	trois	fabrique de chemises.
	Vendome Hivne	21, rue de la Chaussée-d'Antin	sept	chemises, gilets et caleçons, coupe perfectionnée.
CHOCOLAT	Brunet Victor	24, passage Vivienne	huit	confiseur chocolatier, vente au détail.
			quatre	confiseurs chocolatier, vente en gros.
	Guidoz	66, rue des Dames, à Batignolles	six	fabrique de chocolats par procédés mécaniques.
COFFRES-FORTS	Haffner	10, 12 et 14, passage Jouffroy	cinq	maison spéciale de coffres-forts, caisses de sûreté, serrures mécaniques, etc.
COLS ET CRAVATES	Boisserie et Cⁱᵉ	17, boulevard St-Martin, à la Promise	huit	cols, cravates, soieries, confection, etc., etc.
	Baucheron	15, boul. St-Denis, à la Reine Artémise	huit	cols et cravates, rubans, soieries, etc., etc.
	Delacroix	91, 93 et 95, faubourg Saint-Denis, à la Ville de Saint-Denis	dix	lingerie, blanc, cols, cravates, chemises, etc., etc.
	Tête et Duval	19, boulevard Saint-Denis, à Malvina	cinq	confection pour dames, cols, cravates, soieries, nouveautés.
	Madelain	3, rue Montmartre, au Passage Saint-Eustache	cinq	cols et cravates.
	Arnoult	197, rue Saint-Honoré, à Saint-Roch	six	maison de deuil, cols et cravattes.
	Société des Brodeuses vosgiennes	30, rue Vivienne	cinq	cols, broderies.
	Marquet	104, rue de Richelieu	cinq	cravates haute nouveauté.

	MM.		CHIFFRE DES ESCOMPTS Reçus communiqués par les Vendeurs, calculé sur un achat de 500 francs. Pour fr.	
COLS ET CRAVATES (Suite).				
COMESTIBLES (Voir au supplément publié pour chaque arrondissement)	Rebours-Guizelin	144, rue de Rivoli	cinq	poissons, truffes, spécialité de melons et de truffes fraîches pendant la saison, volailles, gibier, conserves en tous genres, foie gras, charcuterie et boucherie fines, primeurs et fruits (en hiver), drogueries, fromages, etc.
	Poincelet	36, rue d'Allemagne, à la Villette	trois	salaisons en tous genres.
CONFECTION	Roisserie et Cie	17, boulevard St-Martin, à la Promise	huit	confection pour dames.
	Delacroix	91, 93 et 95, faubourg Saint-Denis, à la Ville de Saint-Denis	dix	confection pour hommes, dames et enfants.
	Tête et Duval	19, boulevard Saint-Denis, à Malvina	cinq	confection pour dames.
	Arnoult	197, rue Saint-Honoré, à Saint-Roch	six	confection pour dames.
	Champin et Cie	138, r. de Rivoli, au Congrès de Paris	dix	vêtements pour hommes, tout faits et sur mesure, robes de chambre, étoffes imperméables.
	Beaugrand	56, rue du Temple	huit	confection pour hommes.
	Ben-Sadoun	30, boulevard des Italiens, et 172, rue de Rivoli, au Sultan	cinq	confection pour dames, vêtements sur mesure.
	Grunbach frères	15, rue du Temple	cinq	confection pour enfants.
	Samson	72, rue de Rivoli, au Nouveau Paris	cinq	habillements pour hommes et enfants, prix fixe, en chiffres connus.
	Compagnie parisienne	26, rue Favard, boulevard des Italiens	cinq	confection, demi-saison, bains de mer, burnous, mantilles, etc., etc.
	Pinel et Cie	127 et 129, rue Montmartre, à la Magicienne	six	confection pour dames, maison spéciale, la plus importante de tout Paris.
	Chéron	15, boulevard Beaumarchais, à la Belle Jardinière	six	magasin d'habillements pour hommes, chemises et cravates en tous genres.
	Naymark	4, boulevard Saint-Denis, à la Grande Tragédienne	cinq	confection pour hommes et enfants.
	Veuve Charles Saunier	10, Grande-Rue, à Passy, à la Ville de Passy	huit	confection sur mesure pour hommes et enfants.
	Dessalce	94, Grande-Rue, à La Chapelle	cinq	maison de vêtements pour hommes et enfants.
	Gausin	48, Grande-Rue de Montreuil, au Petit Charonne	quatre	tailleur, confection, habillements faits sur mesure et à façon.
	Lemaire jeune	157, r. St-Dominique-St-Germain, au Pèlerin St-Jean, au Gros-Caillou	huit	confection pour bonnes, nouveautés.
	Boscher	121, Grande-Rue, à Vaugirard, au Palais de l'Industrie	six	habillements confectionnés et sur mesure, pour hommes et enfants, choix considérables de cottes et de blouses confectionnées et sur mesure.
CONFISEURS	Terrier, Saintoin, successeur	254, rue Saint-Honoré, aux Palmiers	trois	grand choix de bonbons, objets de luxe et fantaisie pour cadeaux et étrennes, baptêmes, thés, sirops, chocolats, liqueurs et spiritueux, articles pour desserts et soirées, petits fours, gâteaux d'entremets, spécialité d'orangeade et punch préparé pour soirées.
CORDIERS, articles d'emballage	Picourt	1, rue d'Anjou, 17, rue Charlot (Marais), à la Ville d'Abbeville	trois	marchand et fabricant cordier, dépôt de ficelles d'Abbeville et anglaise de toutes couleurs.
	Mme Ve Couvillers	4, rue des Arts, à Belleville	deux	cordes et ficelles en tous genres, cordes à coller pour les métiers Jacquar.
CORSETS	Mme Désiré Becquet	32, rue Cadet	dix	fabrique et magasin de corsets, fournitures.
	Mme Bonvallet	5, boulevard de Strasbourg	cinq	corsets brevetés s. g. d. g.. corsets plastiques, médaille de première classe.
	Etling	18, rue Poissonnière, à la Sylphide	cinq	fabrique de corsets et jupons, corsets sans couture, jupons crinoline et à ressorts d'acier.

	MM.		CHIFFRE DES MANDATS Reçus comme espèces par les Vendeurs, c. doublé sur un achat de 100 francs. Pour fr.	
COULEURS	Furet	58, rue Sainte-Anne	cinq	couleurs, pinceaux, articles pour tableaux.
	Id.	Id.	trois	huiles, essences et couleurs de matière première.
	F. Viard et Charmy	128, rue Saint-Martin	cinq	couleurs et vernis, chromo-duro-plane, mise en couleur sans frottage, caoutchouc sur les murs, enduit hydrofuge pour la conservation des plâtres et contre l'humidité.
	Bossu Foret	11, rue de Bercy, à Bercy	cinq	fabrique de couleurs et vernis pour bâtiment, dépôt d'huile de pied de bœuf, huile épurée pour lampe carcel.
	F. Douelle	27, rue Saint-Louis, à Batignolles	dix	magasin de couleurs et verres à vitres.
	L'Héritier	45, Grande-Rue, aux Thernes	dix	magasin de couleurs et verres à vitres.
	Terrier et Dormont	27, rue de Charenton, à Bercy	deux 1/2	couleurs et vernis.
	M. Jehan	27, rue de Jessaint, à la Chapelle	cinq	marchand de couleurs et fabrique de mastic en gros pour bâtiments.
	A. Roche	90, rue du Commerce, à Grenelle	cinq	couleurs, vernis et verres à vitres, brosserie, articles pour teinturiers, papiers peints.
COUTELLIERS	Claverie	58, galerie Vivienne	dix	coutellerie en tous genres.
	Merican	49, boulevard Saint-Martin	six	coutellerie fine.
	Hamon	179, rue du Temple	dix	coutellerie, pâte zéolithe pour faire couper les rasoirs.
	Girard	9, rue d'Alger	cinq	coutellerie d'argent brevetée s. g. d. g.
	Mége	18, cour et galerie de Nemours, Palais-Royal	cinq	coutelier, repassage tous les jours.
	Prudon	119, Grande-Rue, à Vaugirard	cinq	coutelier-bandagiste, assortiment de lunettes.
	Lepre	102, rue St-Dominique-St-Germain	six	fabricant de coutellerie fine et autres en tous genres.
COUVERTS	Villeneuve	26, rue Fontaine-au-Roi	dix	fabrique de couverts en maillechort.
	Keller	75, rue du Temple	dix	dorure et argenture des couverts, procédé Ruolz.
	Girard	9, rue d'Alger	cinq	couverts argentés, brevetés s. g. d. g., maillechort ordinaire.
	Taillet	6, boulevard des Italiens	six	couverts orcide, métal nouveau, breveté s. g. d. g.
	Doisy	12, rue de Crussol	cinq	dorure, argenture électro-chimique, couverts en maillechort blanc, orfèvrerie
CRISTAUX	David	45, passage Vivienne	cinq	porcelaines et cristaux, objets de fantaisie, caves à liqueurs.
	Deslandes	4, rue d'Hauteville	cinq	porcelaines et cristaux, spécialité pour cafés et restaurants.
	Leclere frères	1 et 4, impasse Mazagran, r. Mazagran, 5	cinq	porcelaines et cristaux, verrerie, spécialité pour limonadiers et glaciers.
	Joseph Klotz et C^r	102, rue du Temple	sept	porcelaines blanches et décorées, assortiment de vases, pendules, services de table.
	Victor Bernon	49, rue de l'Arbre-Sec	dix	porcelaines et cristaux, fournisseur de Sa Majesté le roi de Sardaigne.
	Bourreif	12, rue des Petites-Écuries	cinq	spécialité pour bâtiments et ameublements, poignées de portes, patères, etc.
	Barbier, ancienne maison Chocardelle	25, rue de l'Ancienne-Comédie, maison des Deux-Lions	six	fournisseur du Sénat, palais de justice, hospices civils, pensions, etc., porcelaines et cristaux, services de table en cristal, porcelaines blanches et décorées, porcelaines à feu, services à thé et à café en porcelaine anglaise, etc.
	A. Chauvin	114, rue Vieille-du-Temple	six	magasin de porcelaines, cristaux, articles de restaurants et limonadiers, services de table, etc., etc.
	Guillon frères	21, r. des Poissonniers, à Montmartre	cinq	porcelaines et cristaux, articles spéciaux pour marchands de vins et limonadiers.

	MM.		CHIFFRE DES MARCHANDISES Reçus comme espèces par les Vendeurs, calculé sur un achat de 100 francs. Pour fr.	
CULOTTIERS				
DÉMÉNAGEMENTS	Prat et Victor	16, rue de la Victoire	huit	chargé du transport du matériel des maisons et châteaux impériaux, déménagements pour Paris, les départements et l'étranger.
	Sazias	27, Grande-Rue, à Batignolles, et à Paris 36, r. Montholon, maison Bonnefoux	cinq	déménagements pour Paris et les départements
	Grandjean	48, rue de Charenton	cinq	entrepreneur de déménagements.
	Savary	5, rue de la Fontaine, à Auteuil	quinze	entrepreneur de déménagements.
	Renno	4, avenue de Saint-Ouen, à Batignolles	dix	entrepreneur de déménagements et transports pour Paris, les départements et l'étranger.
	Richomme	7, rue des Dames, à Montmartre	six	déménagements pour Paris et la province.
DENTELLES	Lutz et Cⁱᵉ	4, rue Ménars	cinq	fabrique de dentelles et voilettes, grand choix en fantaisie et imitation.
	H. Clément	39, r. de Bretagne, aux Enfants Rouges	trois	dentelles et tulles.
DENTISTES	d'Origny	33, galerie Véro-Dodat	vingt-cinq	médecin-dentiste, râteliers, dents osanores.
DEUIL	Baucheron	15, boulevard Saint-Denis, à la Reine Artémise	huit	maison spéciale de deuil et demi-deuil, soierie, fantaisie, confection, modes, châles, bijouterie, bonneterie.
	Arnouil	197, rue Saint-Honoré, à Saint-Roch	six	magasins de deuil, confection, fourrures, cachemires, etc., etc.
	Archambault	167, rue du Temple	dix	bijouterie pour deuil, articles de Paris, épingles de châles, chapeaux, cravates, coiffures, broches, boutons-jumeaux et manchettes.
DISTILLATEURS	Roqueblave et Badin fils	39, rue du Faubourg-Poissonnière	six	distillateurs, marchands de vins, eaux-de-vie et liqueurs ; entrepôt à Bercy.
	C. Serval	8, rue du Perche	sept	magasin d'eaux-de-vie, fabrique de liqueurs fines, fruits confits, sirops, vins fins.
	Chanroux	20, rue de l'Empereur, à Montmartre	trois 1/2	liqueurs en tous genres.
	Lefèvre	3, rue de la Fidélité	deux	grande spécialité de rhum.
	Peccatte	22, barr. de Montreuil, Petit-Charonne	cinq	magasin d'eaux-de-vie et liqueurs de toutes espèces, sirops assortis. 15 0/0 sur les liqueurs fines.
	C. Huyon	47, chaussée Ménilmontant, à Belleville	deux	distillateur, eaux-de-vie et liqueurs.

	MM.		CHIFFRE DES MANDATS Reçus chaque espèce par les Vendeurs, calculé sur un achat de 100 francs. Pour fr.	
DISTRIBUTION D'IM-PRIMES	Compagnie générale	14, boulevard Poissonnière, maison du pont de fer	quinze	distribution des avis, prospectus et imprimés sur la voie publique, rédaction et fourniture des prospectus.
DOREURS SUR BOIS	Derche	3, place de la Bourse	trois	miroitier, dorures, encadrements.
	Caron	32 et 34, passage du Grand-Cerf	trois	miroitiers, dorures sur bois, encadrements.
	Dordet	6, rue Sainte-Anne	cinq	miroitier, dorure sur bois.
	Perrié	13, rue de Paris, à Belleville	six	dorure sur bois, encadrements en tous genres.
DRAPS (marchands de)	Guidon	270, rue Saint-Denis, au Cabolent	quatre	marchand de draps, nouveautés pour pantalons, gilets, paletots, velours, flanelles et doublures.
EAUX GAZEUSES	Augros	20, galerie Vivienne	cinq	cafetières, nouveau système, poudres préparées pour eaux gazeuses, eaux de seltz, limonades.
	Guérin jeune et Cⁱᵉ	21, faubourg Saint-Denis	vingt	poudres préparées pour eaux gazeuses, appareils.
	Villiet aîné	219, rue du Temple	vingt	nouveau système de poudres et appareils perfectionnés.
	A. Veyssière	40, rue Saintonge	cinq	appareils et bouchages à eaux gazeuses.
	D. Fèvre	398, rue Saint-Honoré	dix	poudre D. Fèvre, six médailles dont trois d'or, vingt-sept ans de succès.
ÉBÉNISTES	Liebmann	52 et 54, rue de la Roquette	cinq	fabrique de meubles, genre boule et bois de rose.
	Vieuge	56, faubourg Saint-Antoine	cinq	fabrique de meubles en tous genres, envois en province.
	Hessejac	40, rue du Rocher, et 9, rue Taitbout	six	meubles en tous genres, tables à coulisses et autres, spécialité de meubles en chêne sculpté.
	Osmont	24, faubourg Saint-Antoine	cinq	grande fabrique et magasins de meubles en tous genres.
	Lefebvre	30 bis, faubourg Saint-Antoine	quatre	magasin de meubles, fauteuils, sièges de tous styles, etc., etc.
	Faure	23, boulevard de Strasbourg	neuf	fabrique de meubles, fauteuils, chaises et canapés.
	Thomas	15, place de la Mairie, à Montmartre	cinq	vente et achat de meubles neufs et d'occasion, réparation de meubles, entreprise de déménagements.
	Ch. Chevaillier	62, rue de Grenelle-Saint-Germain	six	tapissier, ébéniste.
	Wehrlé	34, rue de la Goutte-d'Or, à La Chapelle	cinq	ébéniste en tous genres, meubles neufs et d'occasion.
	Gonamier	37, place de la Fontaine à Auteuil, à l'Espérance	huit	vente et achat de meubles d'occasion, réparation de meubles, tapissier ébéniste.
	N. Dey	73, rue de Chaillot	cinq	marchand de meubles neufs et d'occasion, échange et location, réparation en tous genres, spécialité pour sommiers élastiques.
	Antier	19, rue Myrrha à Montmartre (au Joli Cheval)	six	ébéniste, vente et achat de mobiliers, réparation de meubles sur place et à domicile.
	Lefort	15, rue des Vertus à La Chapelle	cinq	fabricant de meubles, sommiers élastiques, glaces.
	Richard	97, rue de l'École, à Vaugirard	cinq	fabrique et magasin de meubles neufs et d'occasion, tapisserie, literie en tous genre, ameublements.

	MM.		CHIFFRE DES MANDATS Reçus comme espèces par les Vendeurs, calculé sur un achat de 100 francs.	
			Pour.	
ÉLECTRICITÉ	Barbier, ancienne maison Chocardelle	25, rue de l'Ancienne-Comédie, maison des Deux-Lions	six	fils électriques, vases poreux, vases en terre, articles de télégraphie pour chemins de fer, fournisseur des lignes télégraphiques, chemins de fer, etc.
ENSEIGNES	Woête Chèze	2 et 4, boulevard Bonne-Nouvelle	cinq	entreprise d'enseignes peintes et pose d'affiches en papier.
	Delas	123, rue Saint-Honoré, cour d'Aligre	dix	spécialité de lettres dorées sur verre et glace, brevetée s. g. d. g.
	Pierre Léon	54, faubourg Saint-Denis	douze	peintre de stores, lettres et attributs.
	Ch. Poyer	56, faubourg Saint-Denis	six	décors, lettres et attributs, vitrerie, etc.
	Aubergeon et Gallot	65, rue de Richelieu	dix	seule maison dans Paris, pour l'enseigne en général, lettres, écussons.
	Lafon	8, rue Neuve-Ménilmontant	dix	fabricant de lettres en relief, en cuivre.
ÉPICERIES (Voir le Supplément publié à la fin du répertoire.)				
ÉQUIPEMENTS MILITAIRES	Lancelot	120, rue Montmartre	trois	articles de chasse et d'équipements militaires, brosserie, etc., etc.
	Taillet	6, boulevard des Italiens	six	ornements et objets d'équipements militaires (fantaisie).
ESTAMPES				
FAIENCIERS	A. Chauvin	114, rue Vieille-du-Temple	six	magasin de porcelaines, faïence, poterie et grés, articles pour crémiers, etc.
FERBLANTIERS ZINGUEURS	Lauranchet et Gabeur	9, rue des Fontaines-du-Temple	dix	fabrique spéciale de ferblanterie polie, spécialité pour cafés.
	Destot	84, rue Quincampoix	cinq	fabrique de toutes espèces de moules et ustensiles en cuivre, fer-blanc, tôle, plaqué et étain.
	Roy	34, rue de Charenton, à Bercy	cinq	fabricant de chaudronnerie, ferblanterie.
	Chapuis	28, rue Sedaine	cinq	fabricant d'éteignoirs, brûle-bouts, embouts de soufflets, bouches de chaleur pour chaufferettes et bougeoirs anglais.
	Leclère	13, rue de l'Empereur, à Montmartre	cinq	ferblantier lampiste.
	Dufeu	41, rue de Chaillot	cinq	ferblanterie, location de baignoires et bains de siége, nettoyage et réparation de lampes en tous genres.
	Watrelos	26, rue de Paris, à Belleville, ci-devant 16, rue de Tourtille	six	fabrique de ferblanterie, lampes, spécialité pour épicerie et fruiterie, articles de ménage.
	Rodier	6, rue Vincent, à Belleville	dix	fabrique de tôlerie et ferblanterie en tous genres, articles de ménage.
	Veuve Ricard jeune	44 et 51, Grande-Rue à La Villette	cinq	entreprise de couvertures de bâtiments, lampiste, location de baignoires et de bains de siége.
	C. Gauduchon	44, rue du Bac	cinq	fabrique spéciale de ferblanterie en tous genres, fontainerie, zinc, etc.
FERS ET FONTES	E. Jacquemin	24, rue du Château-d'Eau	deux	fers marchands, fers spéciaux, fers à I, fonte de bâtiment.

	MM.		CHIFFRE DES MANDATS Reçus comme espèces par les Vendeurs, calculé sur un achat de 100 francs. Pour fr.	
FLEURS ARTIFICIELLES	Combe	95, rue Saint-Sauveur	cinq	spécialité de carton pour fleurs.
	Taschereau	40, passage Jouffroy	cinq	spécialité de fleurs, corbeilles, jardinières, parures de mariées, de bal, etc., etc.
	Rodolphe	347, rue Saint-Denis	dix	fabrique de fleurs et feuillages en tous genres.
	Bieuvelet	54, faubourg Saint-Denis	douze	fleuriste.
FLEURS ET FRUITS TRANSPARENTS	F. Barnett	7, rue de Richelieu	quinze	entrepreneur de fêtes, illuminations et feux d'artifices, décoration de fleurs et de fruits illuminés, vente et location d'appareils d'éclairage.
FONTAINIERS	Mme Fabre, Mirabel, success.	7, rue Drouot, 12, faub. Montmartre	cinq	magasin de fontaines en pierre, marbre, grès, etc., etc.
	Moutilliet	28, rue Saintonge	quatre	fondeur, pompier et fontainier.
	Marie Mottière et Lucas	11, rue Villedo	sept	plomberie et fontainerie.
FOULARDS	Baucheron	15, boulevard Saint-Denis, à la Reine Artémise	huit	maison de deuil, soieries en tous genres.
	Delacroix	91, 93 et 95, faubourg Saint-Denis, à la ville de Saint-Denis	cinq	foulards, cols, cravates, soieries et nouveautés, etc., gros et détail.
	Tête et Duval	19, boulevard Saint-Denis, à Malvina	cinq	nouveautés, soieries, foulards, châles, etc., gros et détail.
	Cie Anglaise	91, rue de Rivoli	huit	dépôt spécial de foulards des Indes et de Chine.
	Madelain	3, rue Montmartre, au Passage Saint-Eustache	cinq	foulards et cravates.
	Arnoult	197, rue Saint-Honoré, à Saint-Roch	six	foulards et nouveautés.
FOURRURES	Boisserie	17, boul. Saint-Martin, à la Promise	huit	confection pour dames, châles et fourrures.
	Turcy	54 et 56, passage Vivienne	huit	spécialité de fourrures de voyage.
	Arnoult	197, rue Saint-Honoré, à Saint-Roch	six	fourrures, magasin de deuil.
	Lenuer	69, rue Rambuteau	deux	fabrique de fourrures en gros.

	MM.		CHIFFRE DES MANDATS Reçus comme espèces par les vendeurs, calculé sur un achat de 100 francs. Pour fr.	
FUMISTES	Laui	101, rue Saint-Lazare	trois	poêlier-fumiste
	Sartori	75, rue Charlot	quatre	entrepreneur de fumisterie, et de ramonage à l'année.
	Benoist	111, Grande-Rue, à Vaugirard	cinq	entrepreneur de fumisterie, poêles, cheminées, fourneaux et calorifères.
GANTERIE	Madelain	3, rue Montmartre, au Passage Saint-Eustache	cinq	ganterie en tous genres.
	Aubert	24, boulevard Saint-Denis	dix	ganterie, parfumerie.
	Marquet	104, rue de Richelieu	cinq	chemisier des princes, gants.
GAZ (APPAREILS)	Vassal	8, rue Neuve-Ménilmontant, impasse de Bretagne, 7	huit	fabrique d'appareils pour l'éclairage et le chauffage par le gaz, appareils brevetés de bureaux et ateliers, avec tige.
GAZOGÈNES (APPAREILS)	Augros	20, galerie Vivienne	vingt-cinq	appareils gazogènes en tous genres, en gros et au détail, 5 0/0.
	Guérin jeune et Cⁱᵉ	21, faubourg Saint-Denis	vingt-cinq	appareils à eau de seltz, cafetières orientales, filtres hydrauliques et veilleuses à bouillon.
	A. Veyssière	40, rue Saintonge	cinq	appareils et bouchages à eaux gazeuses.
	Villiet aîné	210, rue du Temple	vingt-cinq	nouveau système d'appareils perfectionnés, mention honorable à l'exposition universelle de 1855, appareils avec et sans tube.
	D. Fèvre	398, rue Saint-Honoré	dix	appareils gazogènes, 6 médailles dont 3 d'or, 27 ans de succès.
GRAINS et FOURRAGES	Auxerre	50, Grande-Rue, à La Chapelle	quatre	grains et issues, graines de semence, paille blanchie, gros et détail.
	Ponnelle	35, rue de Chaillot	trois	graineterie gros et détail, fourrages, son, avoine, issues, farines, légumes secs, pâtes, graines de fleurs, brosserie.
	Ponnelle jeune	22, avenue des Ternes	trois	magasin de graineterie et farines en gros et en détail, ustensiles d'écurie, brosserie.
	Salles	5, 12 et 21, avenue de Saint-Ouen à Batignolles	cinq	grains, graines et farines de toutes espèces, légumes secs et fourrages, gros et détail.
	Auguste Debeauvais	116, Grande-Rue à La Chapelle	trois	son, recoupette et remoulage, avoines et fourrage.
GRAVEURS sur bois	Coste	38, rue Bleue	cinq	graveur sur bois.

	MM.		CHIFFRE DES MANDATS Reçus comme espèces par les Vendeurs, calculé sur un achat de 100 francs. Pour fr.	
GRAVEURS SUR MÉTAUX	Gouverneur	106, passage du Caire	huit	graveur sur métaux.
	R. Haarhaus	36, rue Hauteville, 7, rue d'Assas, impasse, 8	six	gravure pour le commerce et l'industrie, griffes, blocs, marques, cachets et timbres, composteurs pour les chemins de fer, caractères en cuivre et outils gravés pour relieurs, breveté s. g. d. g.
	Auguste Fossard	52, rue Notre-Dame-de-Nazareth	cinq	graveur héraldique, vaisselle et fonds de montres, incrustation et ornement.
GRILLAGEURS	Poncet	33, faubourg Poissonnière	cinq	fabrique de corbeilles, jardinières à suspension, volières, cages, clôtures, entourages de massifs, etc., etc.
GYMNASTIQUE	Torcy	54 et 56, passage Vivienne	huit	spécialité de balançoires et gymnastique en tous genres.
HARMONIFLUTES	Dupland	2, place du Palais-Royal	six	harmoniflûtes.
HAMACS ET TENTES DE VOYAGE	Torcy	54 et 56, passage Vivienne	huit	hamacs et tentes de voyage.
HORLOGERS	Léon Aron	55, boul. Saint-Martin, au Télégraphe	cinq	bijoutier-horloger, gros et détail.
	Jalliffier	15, boulevard Saint-Denis	cinq	maison spéciale d'horlogerie, gros et détail.
	Mozard	143, faubourg Saint-Denis	dix	horloger-bijoutier.
	Rolland	8, rue d'Angoulême-du-Temple	cinq	fabrique de bronzes, horlogerie, pendules, candélabres, etc., gros et détail.
	Pasquier	5, rue Saint-Sauveur	deux	bijoutier-horloger.
	Maurice Lévy	31, boulevard Bonne-Nouvelle	six	bijoutier-horloger.
	H. Robert	2, rue Chabannais	quatre	horloger de la marine de l'État (récompenses nationales pour travaux d'horlogerie, 2 médailles d'argent, 1 médaille d'or, 1847, ordre de la Légion d'honneur).
	Wurtel	38 et 40, passage Vivienne	dix	fabrique d'horlogerie et boîtes à musique, fantaisies.
	Taillet	6, boulevard des Italiens	six	dépôt des produits de la société des ors kaleogènes, horlogerie.
	Block et Cie	90, rue Vieille-du-Temple, à l'Heure de la Bourse	dix	fabricants d'horlogerie, pendules de bureau à sonnerie, montres à cylindre, spécialité de rhabillages garantis un an, etc.
	Lépine, Bourdon et Cie	64, rue Vieille-du-Temple	dix	fabrique de pendules, bronze et composition.
	L. Blanchot fils	63, Grande-Rue, à Passy	cinq	horlogerie, remontage et raccommodage de pendules.
	Stoppa	38, rue de Charenton, à Bercy	cinq	horlogerie, joaillerie, bijouterie et orfèvrerie, remontage de pendules à l'année.
	Gohin fils aîné	86, rue d'Orléans, à Batignolles, aux Armes de France	cinq	opticien horloger, fournisseur des ponts et chaussées.
	Bumaire	27, rue Croix-Nivert, à Grenelle	cinq	horlogerie, bijouterie, raccommodage de bijoux.
	César Jumas	51, rue Bonaparte	six	bijouterie, joaillerie, horlogerie.
	Delfour	35, rue de Sèvres, à Vaugirard	dix	horloger, bijoutier, achat d'or et d'argent.

	MM.		CHIFFRE DES MANDATS Reçus comme espèces par les Vendeurs, calculé sur un achat de 106 francs. Pour fr.	
HORLOGERS (Suite)	Parod	38, Grande-Rue, à Batignolles	six	horlogerie, bijouterie, joaillerie, orfèvrerie, achat d'or et d'argent.
	V. Paget	49, avenue des Ternes	dix	horlogerie, bijouterie, orfèvrerie, grosse horlogerie de comte, de clocher
	Labbey	18, rue de l'Empereur, à Montmartre	six	horlogerie et bijouterie.
	Peschard	50, Chaussée-Clignancourt, à Montmartre	six	horloger, bijoutier.
	Borin	64, boulevard Rochechouart, à Montmartre. Maison des Trois-Frères	cinq	horlogerie.
	Thorel	64, Grande-Rue, à La Chapelle	six	horlogerie, bijouterie, orfèvrerie, pendules, colonnes de bronzes, cadres et œils-de-bœuf.
	Hippolyte	38, rue de Flandre à La Villette	cinq	horloger bijoutier.
	Barberon	119, rue de Paris, à Belleville	cinq	horloger bijoutier.
	Delormel	134, Grande-Rue, à Vaugirard	quinze	fabrique d'horlogerie en tous genres.
	De l'Isle	99, Grande-Rue, à Vaugirard	cinq	horloger, bijoutier, joaillier, orfèvre.
IMPRIMEURS LITHOGRAPHES	Willems	2, rue des Enfants-Rouges	deux	imprimeur-lithographe.
	A. Mannoury et Cᵉ	35, rue Montholon	cinq	imprimerie lithographique.
	V. Arouy	67, rue Saint-Honoré	cinq	imprimerie lithograpique.
	Madame Smith-Merché	18, rue Fontaine-au-Roi	trois	imprimerie lithographique, gravure et taille douce.
	Parmentier	29, rue du Commerce, à Bercy	cinq	imprimerie lithographique.
	Mourié et Chevalot	5, rue du Cloître-Saint-Méry	six	imprimerie lithographique.
	E. Grossard	43, rue du Commerce, à Grenelle	quinze	imprimerie brevetée, spécialité pour les arts et le commerce, lithographie, autographie et gravure.
IMPRIMEURS TYPOGRAPHES	Boisseau et Augros	123 et 124, passage du Caire	cinq	imprimeurs-typographes.
	Ancienne maison Blondeau, Guérin et Cᵉ	26, rue du Petit-Carreau	cinq	imprimerie, typographie.
	Madame Smith-Merché	18, rue Fontaine-au-Roi	trois	imprimerie typographique.
	Bertrand (gérant)	50, boulevard Pigalle, à Montmartre	six	imprimerie typographique.
INSTRUMENTS DE CHIRURGIE	Cret	168, r. de Rivoli (grand hôtel du Louvre)	huit	instruments de chirurgie en tous genres.
INSTRUMENTS DE PHYSIQUE	Aubert	3, rue Grenétat	deux	fabricant d'instruments de physique, gros.
	Voisin	81 et 83, rue Vieille-du-Temple	dix	mécanicien, instruments de physique.
	Becker et Otto	79, rue du Temple	dix	porte-cigares et caves à odeurs à surprise, spécialité d'objets à surprise.
INSTRUMENTS DE VÉTÉRINAIRE	Méricant	49, boulevard Saint-Martin	six	fabrique d'instruments de vétérinaire.
JUPONS	J.-B. Rothschild	5, boulevard Saint-Denis	cinq	fabrique de jupons de ressorts, acier anglais garanti.
	Mᵐᵉ May	1, rue du Petit-Lion	trois	fabrique de jupons de ressorts.
	Ettling	18, rue Poissonnière, à la Sylphide	cinq	jupons crinolines et à ressort d'acier.

	MM.		CHIFFRE DES MANDATS Reçus contre-espèces par les Vendeurs, calculé sur un achat de 10 francs. Par fr.	
LAINES ET CRINS	Rey	10, 11 et 13, rue Neuve-St-Augustin	dix	laines et crins, fabrique d'élastiques, etc.
	Lepesqueur	107, faubourg Poissonnière	cinq	laines et crins, coton, plumes, duvets.
	E. Boissonnet	56, faubourg Montmartre	six	laines et crins, plumes et duvets, élastiques, etc.
	Guibeler	39, rue du Temple	dix	laines, crins, plumes, duvets, édredons, etc., etc.
	Arnougaud frères	70, rue Vieille-du-Temple	six	laines, crins, plumes, duvets, paille de maïs, varech, etc., etc.
LAMPES	Augros	29, passage Vivienne	cinq	lampes modérateur en bronze et porcelaine.
	Vauvray frères	37, rue des Marais-Saint-Martin	dix	lampistes brevetés s. g. d. g.
	Cher	11, rue Drouot	cinq	fabrique de lampes, ferblanterie, poterie d'étain.
	Rivaud	27, rue Neuve-des-Petits-Champs	cinq	fabrique de lampes, candélabres, lustres, flambeaux, etc.
	Guérin jeune et Cⁱᵉ	21, faubourg Saint-Denis	vingt	lampes à modérateur.
	Chenaillier	16, rue des Petites-Écuries	deux	entreprise d'éclairage par abonnement, fourniture de lampes.
	Leclerc	13, rue de l'Empereur, à Montmartre	cinq	ferblantier-lampiste.
	Watrelos	26, rue de Paris, à Belleville, ci-devant 16, rue de Tourtille	six	fabrique de lampes et ferblanterie en tous genres.
	Février	36, rue des Saint-Pères	cinq	lampiste et potier d'étain, ouvrages en zinc.
LAQUE (MEUBLES EN)	Mainfroy	66, faubourg Saint-Martin	cinq	fabrique et magasin de meubles en laque et fantaisie, en tous genres.
	Houzelot	25, passage Jouffroy et 10, boulevard Montmartre	huit	fabrique de meubles en laque.
LAYETIERS EMBALLEURS	Roquancourt	19 et 24, rue de Grammont	huit	layetier-emballeur, malles, coffres, caisses; inventeur d'un nouveau système d'emballage pour les chapeaux et coiffures de dames.
	Combe	95, rue Saint-Sauveur	cinq	emballeur, articles de voyage, cartonnages.
	Picard	30, rue Notre-Dame-de-Nazareth	cinq	fabrique spéciale de boîtes en hêtre pour emballage, commissionnaires, chocolatiers, confiseurs, etc., etc.
	Bourgeois jeune	15, rue Culture-Sainte-Catherine	cinq	emballeur, fabrique spéciale de malles et boîtes à chapeaux (10 0/0 sur les malles de commission).
	Smal, L. Dujat, successeur	7 et 8, galerie Montpensier	six	trousses et nécessaires de voyage.
	E. Revest	45, rue des Petites-Écuries	dix	papier verni pour emballage.
LOCATION	Girard	9, rue d'Alger	cinq	location, au jour et au mois, d'argenterie, coutellerie, bronze et porcelaine, linge de chambre, de table et de cuisine.
	A. Chauvin	114, rue Vieille-du-Temple	six	location de porcelaines, cristaux, services à thé et à café, etc.
	C. Chevaillier	62, rue de Grenelle-Saint-Germain	six	maison spéciale de location de meubles pour Paris et la campagne.
	Autier	19, rue Myrrha, à Montmartre (au Joli Cheval)	six	location de meubles et literie.

	MM.		CHIFFRE DES MANDATS Reçus comme explicés par les Vendeurs, calculé sur un achat de 100 francs. Pour le.	
LETTRES EN RELIEF	Lafon	8, rue Neuve-Ménilmontant	dix	fondeur, fabricant de lettres en relief en cuivre et en zinc fondu, fournisseur du gouvernement.
LIBRAIRES	Conte Atxem	7, rue Suger	six	librairie classique, papeterie, ouvrages pour étrennes et pour prix.
	Maillet	22, rue Sainte-Anne	cinq	papeterie, librairie, éditeur de musique.
LINGERIE	Baucheron	15, boulevard Saint-Denis, à la Reine Artémise	huit	lingerie, modes, soieries, confection, etc.
	Delacroix	91, 93 et 95, faubourg Saint-Denis, à la Ville de Saint-Denis	cinq	nouveautés, lingerie, modes, confection, chemiserie, etc., gros et détail.
	Tête et Duval	19, boulevard Saint-Denis, à Malvina	cinq	nouveautés, lingerie, soieries, toiles et cotons, calicots, etc., gros et détail.
	Boisserie	17, boulevard St-Martin, à la Promise	huit	confection pour dames.
	Grumbach frères	15, rue du Temple	cinq	maison spéciale de lingerie, dessins de broderie sur étoffe.
	Arnoult	197, rue Saint-Honoré, à Saint-Roch	six	maison de deuil, lingerie.
	Ternisien, Dorlé et Cⁱᵉ	12, faubourg Montmartre, à l'Étoile du Nord	cinq	nouveautés et lingerie, détail.
	Malteste	69, rue Montmartre	deux	nouveautés et lingerie, gros.
	C. Beghin-Morelle	191, rue Saint-Antoine	cinq	chemisier, lingerie, trousseaux.
	Marquet	104, rue de Richelieu	six	spécialité de lingerie.
	Barbier	28, rue du Faubourg-St-Antoine, et 27 ter, rue de Charenton, au Bon Tisserand	cinq	chemisier des princes, lingerie pour dames.
			huit	maison spéciale de blanc, lingerie, trousseaux et layettes.
	Henri Clément	39, r. de Bretagne, aux Enfants-Rouges	trois	lingerie et nouveautés.
	Mᵐᵉ Vendôme Birne	21, rue de la Chaussée-d'Antin	sept	lingerie de luxe et de haut goût.
	Malfilatre	55, rue Bourbon-Villeneuve	cinq	fabricant de lingerie en gros.

	MM.		CHIFFRE DES MANDATS Reçus comme espèces par les Vendeurs, calculé sur un achat de 100 francs. Pour fr.	
LITERIE	Delacroix	91, 93 et 95, faubourg Saint-Denis, à la Ville de Saint-Denis	dix	literie en tous genres.
	Rey	10, 11 et 13, r. Neuve-Saint-Augustin	dix	literie, laines et crins.
	Lepesqueur	107, faubourg Poissonnière	cinq	literie en tous genres, dépôt de couvertures.
	E. Boissonnet	56, faubourg Montmartre	six	articles de literie, toiles et coutils, élastiques, couvertures, etc.
	Guibeler	39, rue du Temple	dix	couvertures de laine et de coton, toiles à matelas, coutils, épuration de literies par la vapeur.
	Armengaud frères	70, rue Vieille-du-Temple	six	literie en tous genres, toiles à matelas, couvertures.
	Louis Quinette	43, ch. Clignancourt, à Ménilmontant	cinq	literie et tapis, fabrique de sommiers élastiques.
	Romand	10, rue de la Comète, au Gros-Caillou	cinq	matelas, couvertures, oreillers, literie en tous genres, meubles neufs et d'occ.
	A. Aveline	28, rue Truffault, à Batignolles	cinq	fourniture et confection de tous objets de literie, fabrique de sommiers élastiques, plumes, laines, crins, duvets, etc.
	Eugène Cotty	6, rue de Paris, à Belleville	cinq	spécialité pour la literie, épuration de literie et nettoyage de couvertures.
	Lefort	15, rue des Vertus, à La Chapelle	cinq	fabrique de sommiers élastiques, literie en tous genres.
LITS EN FER	Anquetin	64, rue de Cléry	huit	fabrique de lits en fer, lit métallique nouvellement inventé (brevet), sommiers élastiques.
	Mousset	126, faubourg Saint-Denis	six	fabrique de lits en fer, sommiers élastiques.
	Rey	10, 11 et 13, r. Neuve-Saint-Augustin	dix	fabrique de lits en fer, sommiers élastiques.
	Lepesqueur	107, faubourg Poissonnière	cinq	lits en fer, sommiers élastiques.
	E. Boissonnet	56, faubourg Montmartre	six	spécialité de lits en fer.
	Guibeler	39, rue du Temple	dix	fabrique de lits en fer.
	Armengaud frères	70, rue Vieille-du-Temple	six	fabrique de lits en fer.
MACHINES A COUDRE	Dubois	45, boulevard Saint-Martin	vingt-cinq sur les marchandises payées comptant; — douze sur celles payées à terme.	machines à coudre. Prix des machines : 400 fr., dont 250 fr. comptant et 150 fr. à terme, à un fil et à deux fils, garantie réelle et sérieuse un an, essai préalable de huit jours à la maison de vente ; abonnement pour entretien et réparation après l'année de garantie. On se charge de la réparation de toutes espèces de machines françaises, anglaises ou américaines, etc.
MACHINES A PERCER	Duval	11, rue des Petites-Écuries	huit	mécanicien, construction spéciale de machines à percer à la main et par courroies. Brevet d'invention et de perfectionnement de 15 ans, s. g. d. g. Machines pour charrons et carrossiers.
MACHINES A DESSINER	Moulin	26, rue du Parc, à Vaugirard	quinze	fixateur, appareil pour graver et dessiner.
MARBRIERS				

	MM.		Chiffre des mandats	
MÉCANICIENS	Voisin	81 et 83, rue Vieille-du-Temple	dix	mécanicien, instruments de physique amusante.
	Thier	39, passage Choiseul	trente	ingénieur-mécanicien, siphe breveté, téterelle Thier, etc., etc.
	Soret	60, rue de Sèvres, à Vaugirard	quatre	mécaniciens en tous genres.
MENUISIERS	Delannoy et Cᵉ	41, rue Sédaine	quatre	fabricants de cadres et moulures en tous genres, à l'usage de la dorure.
MERCERIE	Delacroix	91, 93 et 95, faubourg Saint-Denis, à la Ville de Saint-Denis	cinq	mercerie, bonneterie, lingerie, modes.
	Madelain	3, rue Montmartre, au Passage Saint-Eustache	cinq	mercerie, couvertures, gilets de flanelle.
	Henri Clément	19, r. de Bretagne, aux Enfants-Rouges	trois	mercerie et bonneterie.
	Lemaire jeune	157, rue St-Dominique-St-Germain, au Pèlerin St-Jean	huit	mercerie, bonneterie, lingerie, nouveautés.
	Bouillon, Laborne successeur	2, carrefour de la Montagne, à Passy, au Coin de Rue	quatre	mercerie, rouennerie, bonneterie, galons, velours, ganterie, cottes, blouses, chemises, etc.
	Henri Tirino	3, rue des Dames, à Batignolles, à la Fiancée coquette	trois	mercerie, passementerie, tapisserie, rubans de soie et velours, dentelles, tulles et voiles, fleurs et chapeaux de paille, articles en tous genres pour marchandes de modes et couturières.
MEUBLES EN FER	Mousset	126, faubourg Saint-Denis	six	spécialité de meubles en fer pour jardins et parcs.
	Rey	10, 11 et 13, r. Neuve-Saint-Augustin	dix	lits en fer en tous genres.
	Vigouroux	20, rue Fontaine-au-Roi	trois	meubles en fer pour jardins, jardinières, bercelonnettes, etc., etc.
	Poncet	33, faubourg Poissonnière	cinq	volières, cages à plateaux, cages chinoises et ordinaires, jardinières, corbeilles, vases, etc.
MIROITIERS	Derche	3, place de la Bourse	trois	miroitier, glaces blanches et étamées.
	Caron	32 et 34, passage du Grand-Cerf	trois	miroitier, glaces et verres en tous genres.
	Dordet	6, rue Sainte-Anne	cinq	miroitier, glaces et verres en tous genres.
	Lefebvre	30 bis, faubourg Saint-Antoine	quatre	miroiterie, dorure, poli et étamage de glaces.
	E. Fauh	28, rue de Grammont	trois	miroitier, tapissier.
	Desaulle	9, boul. Poissonnière, et 9, r. de Rivoli	cinq	magasin de glaces en tous genres.
	G. Heringer et Cᵉ	30, rue Vieille-du-Temple	trois	magasin de glaces en tous genres.
	Guillemain	31, r. de l'Ecluse, et 17, r. des Dames, à Batignolles	cinq	magasin de glaces, miroitier-doreur, fabrique et magasin de cadres.

	MM.		CHIFFRE DES MANDATS Reçus comme espèces par les Vendeurs, calculé sur un achat de 100 francs. Pour fr.	
MODES (MARCHANDES DE)	Mme Antin	30, passage du Saumon	huit	modes pour dames et enfants.
	Mme Fontaine-Garres	28, boulevard Poissonnière	douze	modes et chapeaux de paille.
MOUCHOIRS	Baucheron	15, boulevard Saint-Denis, à la Reine Artémise	huit	nouveautés, toiles, calicots et cotons, etc.
	Boisserie	17, boulevard St-Martin, à la Promise	huit	nouveautés, toiles et cotons, etc.
	Delacroix	91, 93 et 95, faubourg Saint-Denis, à la Ville de Saint-Denis	cinq	nouveautés, toiles et coton, etc., gros et détail.
	Tôle et Duval	19, boulevard Saint-Denis, à Malvina	cinq	nouveautés, toiles et cotons, etc., gros et détail.
	Arnoult	197, rue Saint-Honoré, à Saint-Roch	six	mouchoirs pour deuil.
	Marquet	104, rue de Richelieu	cinq	chemisier des princes, mouchoirs, cravates, haute nouveauté.
MUSIQUE (ÉDITEURS DE)	Cartereau	70, rue de Richelieu	soixante-quinze	on trouve toute musique parue jusqu'à ce jour. Sur les prix marqués net, 10 0/0.
	Maillet	22, rue Sainte-Anne	soixante-quinze	spécialité de musique.
NÉCESSAIRES	Smal, Dujat, successeur	7 et 8, galerie Montpensier	six	articles de fantaisie, trousses, nécessaires, etc., etc.
OUVEAUTÉS	Baucheron	15, boulevard Saint-Denis, à la Reine Artémise	huit	magasin de nouveautés, châles, soieries, spécialité de deuil.
	Boisserie	17, boulevard St-Martin, à la Promise	huit	confection pour dames, fabrique de châles, fourrures.
	Delacroix	91, 93 et 95, faubourg Saint-Denis, à la Ville de Saint-Denis	cinq	magasins de nouveautés en tous genres, gros et détail.
	Tôle et Duval	19, boulevard Saint-Denis, à Malvina	cinq	magasin de nouveautés en tous genres, gros et détail.
	Ternision, Dorle et Ce	12, faubourg Montmartre, à l'Étoile du Nord	cinq	vente au détail de nouveautés.
	Arnoult	197, rue Saint-Honoré, à Saint-Roch	deux	vente en gros de nouveautés.
	Belz	175 et 177, rue du Temple, maison des Templiers	six	nouveautés pour deuil.
	Lucien Menessier et Ce	7 et 9, faubourg Saint-Martin, et boulevard St-Denis, 6, aux Trois Frères	huit	maison de nouveautés, gros et détail.
	Lemaire jeune	157, rue St-Dominique-St-Germain, au Pèlerin St-Jean	cinq	maison de nouveautés, gros et détail.
	Petel-Boucher	43, avenue des Ternes, et 59, rue des Acacias	huit	magasin de nouveautés, mercerie, lingerie, etc., nouveautés pour dames.
			huit	articles classiques et nouveautés en tous genres, gros et détail.

	MM.		CHIFFRE DES MANDATS. Remboursés rapides par les Vendeurs, calculé sur un achat de 100 francs. Pour fr.	
NOUVEAUTÉS (*Suite*)	veuve Ch. Saunier	10, Grande-Rue, à Passy, à la Ville de Passy	huit	draperies, châles, nouveautés, soieries, bonneterie, lingerie, mercerie, blanc.
	J. Tontain	19, rue Molière, à Auteuil	cinq	nouveautés, mercerie, lingerie, bonneterie, dentelles et rubans, toiles, cotons.
	A. Lomont	105, rue des Dames, à Batignolles	cinq	magasin de nouveautés, rouennerie, bonneterie, mercerie, lingerie, ganterie, confection de lingerie, etc. (gros).
	Allorge et Bourgeois	36, chaussée Ménilmontant, à Belleville, au Tapis Vert	quatre	nouveautés, grand assortiment de bonneterie, mercerie, ganterie, rubannerie lingerie confectionnée, chemises, blouses, chapeaux de paille, etc.
	Delaplanche et Collet	20, rue des Dames, et 2, rue St-Louis, à Batignolles, à la Ville de Batignolles	cinq	magasin de nouveautés, soieries, bonneterie, toiles, blanc de coton, draperie, mercerie, lingerie ; gros et détail.
	Carel-Maubrey	22, Grande-Rue, à La Chapelle, au Grand Molière	six	magasin de nouveautés, bonneterie, mercerie, lingerie, draperie, rouennerie et flanelle en tous genres ; gros et détail.
	Prevost et Wiest	14, chaussée Clignancourt, à Montmartre, au Château-Rouge	six	nouveautés, habillements confectionnés pour hommes et sur mesure, chaussures pour dames et enfants ; gros et détail.
	Valet	20, chaussée Clignancourt, à Montmartre, au Grand Coin de Rue	six	magasin de nouveautés, soieries, bonneterie, mercerie, ganterie, art. pour deuil, tulles, blondes, crêpes pour modes, habillements pour hommes et enfants, chemises sur mesure, couvertures et tapis ; gros et détail.
	Henri Clément	39, r. de Bretagne, aux Enfants-Rouges	trois	nouveautés, lingerie, blanc de coton, etc.
	E. Blondel	31, r. de Paris, à Belleville, aux Mousquetaires	huit	magasin de nouveautés, soieries, lingerie, mercerie, bonneterie, confection pour hommes, dames et enfants, draperie, etc.
	Hautbout	147, rue de Paris, à Belleville, à Saint-Jean-Baptiste	cinq	grand magasin de nouveautés, lingerie, soieries, dentelles, mercerie, bonneterie, draperie, rouennerie, trousseaux, layettes, deuil et demi-deuil, etc.
	Tilloy	107, Grande-Rue, à La Chapelle, à Jean-Bart	cinq	magasin de nouveautés, lingerie, mercerie, toiles, cotons, chaussures, confection pour hommes, etc.
	Martin	29, rue des Couronnes, à Belleville, au Bon Marché	cinq	nouveautés, mercerie, bonneterie et lingerie, confection pour dames, châles, soieries, toiles et coutils, etc.
	Heogny	62, rue de Charenton, à Bercy	cinq	nouveautés en tous genres, soieries, merceries, bonneterie, lingerie, tulles, dentelles, toiles et calicots, confection pour hommes, sur mesure, deuil et demi-deuil.
	C. Busson	23 et 25, rue de Charenton, à Bercy, à la Ville de Lyon	six	magasin de nouveautés, mercerie, bonneterie, lingerie, deuil et demi-deuil, habillements pour hommes et enfants.
	Benjamin Veil	60, rue de Javelle, à Grenelle	cinq	nouveautés, châles, soieries, bonneterie, confection pour hommes, dames et enfants.
	Gallouin Flament	64, rue du Commerce, à Grenelle, à l'Industrie de Paris	cinq	nouveautés, toiles, calicots, soieries, rouennerie, spécialité pour le perfectionnement des chemises sur mesure.
	Noché	136, Grande-Rue, à Vaugirard, au Bon Jardinier	douze	nouveautés, mercerie, bonneterie et rubans, lingerie, dépôt de tapis et couvertures, literie en tous genres, confection de chemises.
	Petit	23, rue de Sèvres, et 1, rue Blomet, à Vaugirard, à la Ville de Vaugirard	huit	nouveautés, châles, soieries, lingerie, dentelles, bonneterie, mercerie, confection pour dames et hommes, deuil et demi-deuil, parapluies, ombrelles, casquettes et chapeaux de paille.
	Compoin	49, rue de Sèvres, à Vaugirard	quatre	magasin de nouveautés en tous genres.
	Carré-Simonet	48, rue Frémicourt, et 35, rue du Commerce, à Grenelle, au Coin de Rue	quatre	magasin de nouveautés en tous genres, châles, soieries, lingerie, mercerie, couvertures, chapeaux de paille et chaussures.
	Delphin	102, rue Ménilmontant	cinq	nouveautés en tous genres.
	Bedel frères	15, rue Ménilmontant	cinq	magasins de nouveautés en tous genres.
	J. Blutstein	40, rue d'Allemagne, Petite-Villette	six	nouveautés, merceries, indiennes, mérinos, calicots, doublures, etc.
	Decherf	94, rue du Bac	cinq	nouveautés en tous genres.
	Pouget	93, rue de Paris, à Charonne	quatre	nouveautés en tous genres.
OBJETS D'ART	Coffignon frères	189, rue du Temple	cinq	bijouterie d'art, fantaisie, or, argent et oxyde artistique.
	Calibre	40, rue Fontaine-au-Roi	dix	bronzes d'art, fantaisie.
	Taillet	6, boulevard des Italiens	six	dépôt central des produits de la société des ors kalcogènes, objets d'art.
OBJETS D'ÉQUIPEMENT	Taillet	6, boulevard des Italiens	six	objets d'équipement militaire en or et argent, ornements ; dépôt des produits de la société des ors kalcogènes.

	MM.		CHIFFRE DES MANDATS Reçus comme espèces par les Vendeurs, calculé sur un achat de 100 francs. Pour fr.	
OBJETS DE PIÉTÉ	Alexandre Despierres	3, rue de l'Échelle	dix	livres d'heures, missels, prières gothiques, objets religieux, spécialité pour les livres de mariage.
OPTICIENS	Mayer	39, boulevard de Strasbourg	quinze	optique, physique et mathématique, vers spéciaux en cristal français, pour la conservation et l'amélioration de la vue.
	Régniault	50, rue Lafitte	sept	opticien, fabricant de lunettes, jumelles, lorgnons d'or, article breveté s. g. d. g.
	Rheims	131, rue Montmartre	sept	opticien, spécialité de lunettes et pince-nez, jumelles de théâtre et longues-vues.
	Radiguet et fils	15, boulevard des Filles-du-Calvaire	dix	optique, mathématique, arpentage, brevetés s. g. d. g., médaillés.
	Vallet	32, rue Vivienne	dix	optique et bijouterie.
	Godchaux	156, rue de Rivoli	dix	oculiste-opticien.
	Fortin et Riguet	72, boul. des Amandiers, à Belleville	cinq	opticien, assortiment d'horlogerie, réparation.
	J. Gohin fils aîné	86, rue d'Orléans, à Batignolles, aux Armes de France	dix	opticien, horloger, fournisseur des ponts et chaussées.
ORFÉVRERIE	Coffigon frères	189, rue du Temple	cinq	fabricant bijoutier, joaillier, orfèvre.
	Keller	75, rue du Temple	dix	fabrique d'orfévrerie.
	Girard	9, rue d'Alger	cinq	orfévrerie d'argent, brevetée s. g. d. g.
	Taillet	6, boulevard des Italiens	six	orfévrerie, oréide, nouveau métal breveté s. g. d. g.
ORGUES	Alexandre et Bataille	39, rue Meslay	quinze	orgues Alexandre, orgue mélodium, pianos, etc.
	Dupland	2, place du Palais-Royal	six	orgues et harmoniflûtes.

	MM.		CHIFFRE DES MANDATS Reçus comme espèces par les Vendeurs, calculé sur un achat de 100 francs. Pour fr.	
ORNEMENTS EN ZINC				
PAILLASSONS	Debœuf, Montreuil	84, rue de Cléry	cinq	paillassons, maison de joncs d'Espagne.
	Suisse	100, rue Montmartre	cinq	plumeaux, paillassons, éponges fines et autres, etc.
	Legrand	48, faubourg Poissonnière	cinq	paillassons, sparterie et tapis, etc.
PAPETERIE	Conte Atxem	7, rue Suger	trois	papeterie, librairie, cartonnage.
	Maillet	22, rue Sainte-Anne	cinq	papeterie, reliure, cartons.
	J. Caillez	100, r. du Temple, et 2, r. du Vert-Bois	cinq	fabrique de registres brevetés s. g. d. g., spécialité pour pensions, collèges et maisons d'éducation, magasin de papiers de toutes fabriques, dépôt de rouleaux de papiers cirés.
	Schmidt	3, rue Favart	cinq	relieur, papetier.
	Alexandre Despierres	3, rue de l'Échelle	dix	relieur de S. M. l'Empereur, papeterie de luxe.
	Jules Hubert	8, rue Montmorency	cinq	papeterie, fabrique de registres.
	Monrié et Chevalot	8, rue du Cloître-Saint-Merry	cinq	papeterie classique, méthodes d'écriture, éditeurs de l'épigraphie.
	Degrenne	65, rue de Paris, à Belleville	dix	papeterie et reliure en tous genres, fournitures de collèges et de pensions.
PAPIERS PEINTS	Dessauces	35, rue Louis-le-Grand	dix	papiers peints en tous genres, gros et détail. 10 0/0 sur les papiers de luxe.
	Monrocq	8, boulevard Saint-Martin, ancienne maison des Deux Chinois	cinq	papiers peints, gros et détail, paravents.
	Caffin	25, rue Notre-Dame-des-Victoires	cinq	papiers peints pour tentures. 10 0/0 sur le papier au-dessus de 1 fr. 50 c. le rouleau.
	Culler	83, rue de Seine-Saint-Germain	dix	papiers peints, décorations en tous genres, spécialité de perses étoffes.
	Michel-Rondeau	35, rue Trévise	six	papiers peints en tous genres.
	Delahaye	5 bis, boulevard Bonne-Nouvelle, aux deux Indiens	cinq	manufacture et magasin de papiers peints.
	Carron père et fils	146, r. de Rivoli, et 35, place du Caire	dix	manufacture de papiers peints, articles de style, décoration, paravents; gros et détail.
	Penet jeune	4, boulevard du Temple	dix	fabrique et magasin de papiers peints, gros et détail.

	MM.		CHIFFRE DES MANDATS Reçus comme espèces par les Vendeurs, calculé sur un achat de 100 francs. Pour fr.	
PARAPLUIES	Dharville	7 *bis*, boulevard Poissonnière, maison du Paraverse	cinq	parapluies, ombrelles, cannes, fabricant breveté.
	Chalvet	73, chaussée Ménilmontant, à Belleville	cinq	parapluies, cannes et ombrelles.
	Aubriot	90, rue de Paris, à Belleville	cinq	fabricant de parapluies, ombrelles et cannes, échange et raccommodage.
	Grèze et Ce	163, rue de Grenelle-Saint-Germain	dix	parapluies, ombrelles et cannes; échange.
PARFUMERIE	Aubert	24, boulevard Saint-Denis	dix	tabletterie, parfumerie, articles de toilette.
	Planchais	2, rue Caumartin	dix	parfumerie en tous genres, eau de fleur de lis pour le teint, seule brevetée.
	Janissot	63, rue Sainte-Anne	cinq	chimiste, parfumeur, breveté s. g. d. g., fournisseur de plusieurs cours étrangères.
	Guilleminet, Moreau et Ce	20, rue Richer	dix	parfumerie nouvelle.
PASSEMENTERIE	Lancelot	120, rue Montmartre	trois	passementerie pour carrossiers.
	Madelain	3, r. Montmartre, au Pass. St-Eustache	cinq	passementerie en tous genres.
PEINTRES EN BATIMENT ET VITRIERS	Michel-Rondeau	35, rue Trévise	dix	entrepreneur de peintures; — enduit Michel-Rondeau, contre l'humidité et la salpétration des murs.
	Pierre Léon	54, faubourg Saint-Denis	douze	peintre de stores, vitraux gothiques, médailles et armoiries.
	Besnard, succ^r de M. Salmon	9, rue de Lancry	cinq	entrepreneur de peintures. (10 0/0 sur les travaux au-dessus de 500 fr.)
	Ch. Poyer	56, faubourg Saint-Denis	six	entrepreneur de peintures.
	Aubergeon et Gallot	65, rue de Richelieu	dix	peintres en lettres, enseignes. (15 0/0 sur les écussons.)
	Clouet	39, Grande-Rue, à Passy	cinq	entrepreneur de peintures, magasin de papiers peints.
	L'Héritier	45, Grande-Rue, aux Ternes	dix	entrepreneur de peintures, magasin de papiers peints, couleurs et vernis.
	Douelle	27, rue Saint-Louis, à Batignolles	dix	entrepreneur de peintures, magasin de papiers peints, couleurs et verres à vitre
	Lawes	227, rue de Paris, à Belleville	six	peinture et vitrerie, magasin de papiers peints.
	Auger	8, rue Poulet, à Montmartre	cinq	entrepreneur de peintures, magasin de papiers peints.
	Jehan	25, rue Jessaint, à La Chapelle	cinq	peinture et papiers peints, fabricant de couleurs et vernis.
	A. Allioll	51, Grande-Rue, à Batignolles	cinq	peinture et vitrerie (médaille d'honneur, Exposition universelle. 1855).
	E. Drouet	86, rue de Sèvres, à Vaugirard	cinq	peintre en bâtiments.
	Grillard	129, Grande-Rue, à Vaugirard	douze	entrepreneur de peintures et vitrerie, papiers peints, brosses, couleurs et vernis, encadrements, décors et attributs, fournitures de bureaux.

	MM.		CHIFFRE DES MANDATS Reçus comme espèces par les Vendeurs, entièré sur un achat de 100 francs. Pour fr.	
PIANOS (fabricants de)	Alexandre et Battaille	39, rue Meslay	quinze	pianos et orgues Alexandre, orgues mélodium. Fabrique à Ivry.
	Dupland	2, place du Palais-Royal	trois	vente et location de pianos.
	L. Gombeau	42, faubourg Montmartre	dix	fabricant de pianos, vente et location de pianos, accord et réparations.
	Auguste Lainé	37, rue Vivienne, ateliers, 30, Grande-rue des Batignolles	dix	facteurs de pianos droite, accords, échanges, réparations, pianos riches, occasions, location.
	Aucher frères	44, rue de Bondy, fabrique chemin de ronde de la barrière de Ménilmontant, 15 et 17	dix	facteurs de pianos.
PHARMACIENS (Voir au Supplément.)				
PHOTOGRAPHIE et DAGUERRÉOTYPES	Lahissonnais	4, rue de la Feuillade	dix	papiers et accessoires de photographie.
	Picot	5, cité Bergère	huit	produits chimiques et instruments pour la photographie.
	Régniault	50, rue Laffitte	sept	stéréoscopes et photographies en tous genres.
	Radiguet et fils	15, boulevard des Filles-du-Calvaire	dix	stéréoscopes et épreuves.
	Quinot	90, rue Saint-Honoré	cinq	fabricant d'instruments de photographie, quinetoscope, seul instrument breveté, papier et glaces photogéniques toutes sensibilisées, inventées par A. M. Quinet, nouveau virage pour positif et négatif sur verre.
	Vaillat	44, Galerie Montpensier	quinze	portraits, daguerréotype, photographie, médailles 1844, 1849, 1855.
	Voisin André	83, rue Vieille-du-Temple, ateliers à Belleville, 76, rue du Pré	dix	reproductions photographiques et industrielles.
PHOTOPHORES	Lebrun Brotignères	99, boulevard Beaumarchais	quinze	articles de ménages, photophores, éclairage à la bougie et à la chandelle, lumière à hauteur fixe.
PLOMBIERS	Bruneau et frère	33, rue des Partants, à Belleville	cinq	entrepreneurs de couvertures, tuiles, ardoises, zinc, plombier, zingueur.
	Charpentier	passage du Désir, 80, faubourg Saint-Martin, et 54, boulev. de Strasbourg	dix	plombier, zingueur, gazier.
	Irénée Lestienne	2, rue des Quatre-Fils	sept	maison de plomberie et couverture.
	Delmas	53, rue Notre-Dame-des-Champs	cinq	plombier, zingueur, gazier.
	Roy	34, rue de Charenton, à Bercy	cinq	plombier, zingueur.
	Marie Montière et Lucas	11, rue Villedo	cinq	plomberie et couvertures.
	Dufen	41, rue de Chaillot	cinq	plombier, zingueur, couvreur et appareilleur pour gaz.
	Lafont	29, rue du Ruisseau, à Clignancourt-Montmartre	dix	entrepreneur de plomberie et couvertures.
	Lapierre	165, Grand'rue, à Vaugirard	cinq	plomberie et zinc.
POELIERS	Favier	20, passage d'Angoulême	cinq	fabricant de tôlerie et coudes circulaires en cuivre, tôle et zinc.
	Lani	101, rue Saint-Lazare	trois	poêlier-fumiste.

	MM.		CHIFFRE DES MANDATS Reçus en marchandises par les Vendeurs, calculé sur un achat de 500 francs. Pour fr.	
POMPIERS	Montillet	26, rue Saintonge	quatre	fondeur, pompier et fontainier.
PORTEFEUILLES	Alexandre Despierres	3, rue de l'Échelle	dix	spécialité d'albums, buvard-Despierres dit buvard-bureau, portefeuilles de ministres, livres blancs ou rayés.
	Smal, Dujat, successeur	7 et 8, galerie Montpensier	six	portefeuilles, trousses, tabletterie, etc.
PRESSES A COPIER	Ragueneau	10, rue Joquelet	cinq	presses Ragueneau, pour copier, timbrer et imprimer soi-même.
	Caillez	199, r. du Temple, et r. du Vert-Bois, 2	cinq	dépôt de presses à copier, nouveau système.
PRODUITS CHIMIQUES	Picot	5, cité Bergère	huit	produits chimiques, instruments de photographie.
	Ad. Roseleur	23, rue des Gravilliers — Fabrique à Grenelle, 6, rue de Javel	six	produits chimiques, fournisseur de l'Imprimerie impériale, du mobilier de la couronne, etc., etc., appareils, électro-chimie et photographie, piles de toutes sortes, etc., etc.
PUBLICITÉ	Prot	6, rue de Choiseul	cinq	annonces dans tous les journaux, publicité à l'usage de MM. les officiers ministériels, et en général toute publicité.
	Bouyon	24, rue Saint-Honoré	cinq	publicité sur les couvertures des journaux.
	Woële-Chèze	2 et 4, boulevard Bonne-Nouvelle	cinq	publicité commerciale et industrielle, enseignes peintes, affichages.
QUINCAILLERIE	Bourgine	37, rue Poissonnière	cinq	quincaillerie de ménage.
	Lancelot	120, rue Montmartre	trois	quincaillerie de carrossiers.
	Sinet	23, rue Neuve-des-Petits-Champs	cinq	fournisseur breveté du garde-meuble de la couronne, quincaillerie, serrurerie.
	Aug. Wendling	10, rue Virginie, à Montmartre, au Plumeau-Rouge	trois	quincaillerie, clouterie, tôles, aciers, outils de menuisier, etc.
	Castray	85, rue de Bercy, à Bercy, aux Forges-de-Bercy	cinq	taillandier, quincaillier, inventeur d'un nouveau système de forets et dessettes.
	Legros	48, Grand'rue, à Passy	trois	quincaillerie, ustensiles de ménage, serrurerie, outils, fonte, poêlerie, tôlerie, clouterie.
	Dufeu	41, rue de Chaillot	cinq	magasin de quincaillerie, clous, vis, pointes, ferblanterie, lampes et poterie d'étain.
	Charles Caron	9, rue des Dames, à Batignolles	cinq	quincaillerie, serrurerie pour meubles et bâtiment, clouterie, limes et outils.
	L. Cousin	53, rue des Acacias, aux Ternes	six	quincaillerie, articles de bâtiment.
	P. Guelphe et J. Thiebault	94, Grand'rue, à la Chapelle (aux Forges des Ardennes)	cinq	quincaillerie, fer, fonte et tôles, aciers, zinc, cuivre, etc., outils en tous genres, fontaines à filtres, achat de vieux cuivre, fonte, ferraille
	Lafont	29, rue du Ruisseau, à Clignancourt-Montmartre	dix	quincaillerie, ustensiles de ménage et lampes.
	J. Franck	4, Avenue Saint-Charles, à Grenelle	quatre	poêles, fourneaux, art. de ménage, poterie de fonte, de fer battu, clous et boulons.

	MM.		CHIFFRE DES MANDATS Reçus comme espèces par les Vendeurs, calculé sur un cahot de 500 francs. Pour fr.	
RELIURES ET DORURES	Conte-Atxem	7, rue Suger	cinq	libraire, papetier, reliure, dorure et cartonnages, etc.
	Maillet	22, rue Sainte-Anne	trois	papeterie, reliure, dorure et cartonnages, etc.
	Schmidt	3, rue Favart	cinq	relieur papetier.
	Alexandre Despierres	3, rue de l'Échelle	dix	*relieur de S. M. l'Empereur*, splendides reliures garnier en orfèvrerie, spécialité de livres de mariage, etc., etc.
	Tirbour	155, Grand'rue, à Vaugirard	vingt-cinq	relieur du collège de l'Immaculée-Conception, reliures riches pour prix.
	C. Fayat	63, rue des Saints-Pères	dix	relieur doreur.
ROBES	Baucheron	15, boulevard Saint-Denis, à la Reine Artémise	huit	modes et rubans, confection pour dames.
	Delacroix	91, 93 et 95, faubourg Saint-Denis, à la Ville de Saint-Denis	dix	confection pour dames.
	Tête et Duval	19, boulevard Saint-Denis, à Malvina	cinq	confection pour dames.
	Arnoult	197, rue Saint-Honoré, à Saint-Roch	six	robes, modes et confection pour dames.
ROUENNERIE	Barbier	28, faubourg Saint-Antoine, et 27 ter, rue de Charenton, au Bon Tisserand	huit	rouenneries, flanelles de santé, maison de blanc.
RUBANS	Baucheron	15, boulevard Saint-Denis, à la Reine Artémise	huit	rubans et modes, soieries.
	Lucien Menessier et Cᵉ	7 et 9, faubourg Saint-Martin, et boulevard St-Denis, 6, aux Trois Frères	cinq	maison de nouveautés, bonneterie et rubans.
	Henri Clément	39, rue de Bretagne, aux Enfants rouges	trois	velours et rubans, fournitures pour modes.
SCULPTEURS	Weiber	22, boulevard des Filles du-Calvaire	cinq	sculpteur, ameublements de tous styles.
	Delapierre	Ancienne maison Deschamps, 17, ru de Chabrol	cinq	sculptures et décorations en carton-pierre.
	Bessejac	9, rue Taitbout — et 40, rue du Rocher	six	spécialité de meubles en chêne sculpté.
	Bellanger	51, rue des Saints-Pères	cinq	fabrique de meubles sculptés.

	MM.		CHIFFRE DES MANDATS Reçus comme espèces par les Vendeurs, calculé sur un achat de 100 francs. Pour fr.	
SEAU HYGIÉNIQUE	Bourgine	37, rue Poissonnière	cinq	seau hygiénique, intérieur en porcelaine, breveté, pour les eaux de toilette, pour garde-robes, plus de mauvaises odeurs, un simple lavage suffit au nettoyage, chez Bourgine, 37, rue Poissonnière.
SELLIERS	Lancelot	120, rue Montmartre	trois	sellier harnacheur, tous articles pour écurie et carrosserie.
	Well	4, rue de la Feuillade	cinq	fabrique de sellerie et articles d'écurie en tous genres.
	Taillet	6, boulevard des Italiens	six	objets d'ornement pour la sellerie et la carrosserie, or et argent.
	Ernest Martin	74, rue de Montreuil, à Charonne	cinq	sellerie, bourrellerie, harnachements en tous genres, éponges et éperons, couvertures, genouillères, etc.
	Renaudin	45, Grand'rue, à la Chapelle	dix	harnachements en tous genres.
	Dion	125, rue de Paris, à Belleville	cinq	bourrelier, sellier, harnacheur; brosserie, articles d'écurie, graisses à voiture, harnais neufs et d'occasion, etc.
	Leroy	54, rue de Javel, à Grenelle	cinq	sellier, bourrelier, harnais en tous genres.
	Poutos	223, rue de Sèvres, à Vaugirard	quatre	sellier, bourrelier, harnacheur; courroies à mécanique.
SERRURIERS				
SIÈGES INODORES	Leroy	13, rue Notre-Dame-de-Nazareth	dix	inventeur breveté s. g. d. g., constructeur d'appareils hydrauliques et hygiéniques.
	Montilliet	36, rue Saintonge	quatre	fabriques de garde-robes.
	Marie Blottière et Lucas	11, rue Villedo	sept	garde-robes, plomberie, pompes.
SOIERIES	Baucheron	15, boulevard Saint-Denis, à la Reine Artémise	huit	soieries, châles et nouveautés.
	Boisserie	17, boulevard St-Martin, à la Promise	huit	soieries, châles et nouveautés.
	Delacroix	91, 93 et 95, faubourg Saint-Denis, à la Ville de Saint-Denis	cinq	soieries, châles et nouveautés.
	Tête et Duval	19, boulevard Saint-Denis, à Malvina	cinq	soieries, châles et nouveautés, gros et détail.
	Arnoult	197, rue Saint-Honoré, à Saint-Roch	six	soieries unies et façonnées, velours, châles, foulards, etc., etc.
	Ternisien, Dorle et Cᵉ	12, faubourg Montmartre, à l'Étoile du Nord	cinq / deux	soieries et nouveautés (détail). / soieries et nouveautés (gros).

	MM.		CHIFFRE DES MANDATS Reçus comme espèces par les Vendeurs, calculé sur un achat de 100 francs. Pour fr.	
SOMMIERS ÉLASTIQUES	Anquetin	64, rue de Cléry	huit	fabrique de sommiers élastiques, LIT BRÉSILIEN, brevet d'invention.
	Delacroix	91, 93 et 95, faubourg Saint-Denis, à la Ville de Saint-Denis	dix	sommiers élastiques et literie.
	Rey	10, 11 et 13, r. Neuve-Saint-Augustin	dix	fabrique de sommiers élastiques, lits de fer.
	Lepesqueur	107, faubourg Poissonnière	cinq	fabrique spéciale de sommiers élastiques.
	Osmont	24, rue du Faubourg-Saint-Antoine	cinq	sommiers élastiques, meubles.
	E. Boissonnet	56, faubourg Montmartre	six	spécialité de sommiers élastiques.
	Guibelor	39, rue du Temple	dix	fabrique de sommiers élastiques.
	Lefebvre	30 bis, faubourg Saint-Antoine	quatre	sommiers élastiques et siéges.
	Armengaud frères	70, rue Vieille-du-Temple	six	fabrique de sommiers élastiques.
	Gache	25, rue de Buci	cinq	sommiers phénix, brevetés s. g. d. g., dix ans de garantie sérieuse.
	Antier	19, rue Myrha, à Montmartre (au Joli Cheval)	six	fabrique de sommiers élastiques.
	Lefort	15, rue des Vertus, à la Chapelle	cinq	sommiers élastiques, literies en tous genres.
SONNETTES (POSEURS DE)				
SOUFFLETS (FABRIC'' DE)	Veuve Guichard	20, passage Saucède	cinq	fabrique de soufflets en tous genres, soufflets de luxe et d'appartement, brevet d'invention et de perfectionnement s. g. d. g.
	Pichot	5, rue Louis-Philippe	cinq	fabrique de soufflets en tous genres.
TABLETTERIE	Nalin	51, galerie Montpensier, à la Grosse Pipe	six	tabletterie, porte-cigares, fantaisies.
	Suisse	160, rue Montmartre	cinq	tabletterie, brosseries, éponges fines, etc.
	Fouché	28, passage Verdeau	cinq	articles pour fumeurs et priseurs, tabletterie.
	Becker et Otto	79, rue du Temple	dix	boîtes à mouchoirs, à gants et à bijoux, nécessaires, caves à odeurs, etc., etc.
	Guibert jeune et Soiron	171, rue du Temple	huit	tabletterie en écaille, fantaisies, livres de messe à charnières, etc., etc.
	Smal, L. Dujat, successeur	7 et 8, galerie Montpensier	six	articles de fumeurs, de fantaisie et de voyage.
	R. Haarhaus	36, rue Hauteville, 7, rue d'Assas, impasse, 8	six	coffrets et boîtes de tous styles et pour tous usages, vases à fleurs, porte-journaux, vide-poches, modèles nouveaux en buvards, albums, pupitres, papeterie, etc.
	E. Roch	41, r. de Richelieu, à la Fontaine Molière	sept	articles de fumeurs, spécialité d'articles concernant les débits de tabac.
TAILLEURS, HABITS SUR MESURE	Bru	117, rue Saint-Honoré	six	tailleur d'habits.
	Delacroix	91, 93 et 95, faubourg Saint-Denis, à la Ville de Saint-Denis	dix	confection pour hommes et enfants.
	Pappel	6, rue de la Paix	douze	tailleur d'habits, confection.
	Picard	24, passage Verdeau	dix	tailleur d'habits, confection.
	Dommer	49, faubourg Poissonnière	six	tailleur d'habits, confection.
	Champin	138, r. de Rivoli, au Congrès de Paris	dix	habits sur mesure, confection.
	Samson	72, rue de Rivoli	cinq	vêtements sur mesure, fabrique d'habillements pour hommes.
	Neymark	4, B'' St-Denis, à la Grande-Tragédienne	cinq	habillements sur mesure et confection.
	Vicaire	101, rue de Paris, à Belleville	cinq	tailleur d'habits.
	Wagner	108, rue de Paris, à Belleville	cinq	tailleur d'habits.
	Salomon, Vandeville, succr	3, rue de Flandre, à la Villette (à la Tête-Noire)	trois	tailleur d'habits, confection en tous genres.
	Gaultier	78, rue de Charenton, à Bercy	quinze	marchand tailleur
	Chevalley	24, rue Saint-Jean, au Gros-Caillou	sept	tailleur d'habits.
	Miramont	58, rue Bonaparte, à Saint-Sulpice	huit	tailleur d'habits, magasin de confection.

	MM.		CHIFFRE DES MANDATS. Reçus comme espèces par les Vendeurs, calculé sur un achat de 100 francs. Pour fr.	
TAPIS ET MOQUETTES	Delacroix	91, 93 et 95, faubourg Saint-Denis, à la Ville de Saint-Denis	dix	nouveautés, châles et tapis, gros et détail.
	Ben-Sadoun	30, boulevard des Italiens, et 172, rue de Rivoli, au Sultan	cinq	tapis de Mascara, de Smyrne et de Perse.
	Grellet jeune et fils	25, boulevard Bonne-Nouvelle	trois	tapis d'Aubusson, moquettes.
	E. Boissonnet	56, faubourg Montmartre	six	tapis, moquettes, descentes de lit.
	Alexandre Ruffin	33, boulevard Saint-Martin, seconde entrée, 24, rue Meslay	cinq	manufacture de tapis, gros, demi-gros et détail, conservation, nettoyage, réparations de tapis.
	Michel	68, rue Bonaparte, à la Ville d'Aubusson	six	spécialité de tapis, toiles cirées en tous genres.
TAPISSIERS	Mesnier et Cⁱ	24, boulevard des Italiens	cinq	tapisserie, ameublements, glaces et bronzes.
	Osmont	24, faubourg Saint-Antoine	cinq	tapisserie en tous genres, ameublements, tentures, rideaux.
	Henry fils	10, boulevard Poissonnière	cinq	tapisserie en tous genres, tentures, rideaux, couchers.
	Lefebvre	30 bis, faubourg Saint-Antoine	quatre	tapissier, ébénistes, décors et tentures.
	E. Fauh	28, rue de Grammont	cinq	tapissier miroitier.
	Charles Chevaillier	62, rue de Grenelle-Saint-Germain	six	tapissier, marchand de meubles, banquettes pour bals et soirées, garde et entretien de tapis.
	N. Dey	73, rue de Chaillot	cinq	tapissier marchand de meubles.
	Rech fils	53, rue des Saints-Pères	six	tapissier marchand de meubles.
TEINTURIERS	Honoré Gonou	17, rue Napoléon, à Belleville (au Progrès des Couleurs)	cinq	teinturerie perfectionnée, spécialité pour teindre toutes les impressions.
	Jules Penners	91, rue du Commerce, à Grenelle	cinq	teintures, nettoyages, apprêts sur toutes les étoffes.
TOILES CIRÉES	Cret	168, r. de Rivoli (grand hôtel du Louvre)	huit	toiles cirées, tissus élastiques, taffetas gommé, soie, mérinos, coton, etc., etc.
	Auguste Chiquant	25, passage du Grand-Cerf	cinq	fabrique et magasin de toiles cirées en tous genres, maison spéciale.

	MM.		CHIFFRE DES MANDATS Reçus comme espèces par les Vendeurs, calculé sur un achat de 100 francs. Pour fr.	
TOILES EN GROS	C. Beghin-Morelle	191, rue Saint-Antoine	six	maison de blanc, toiles et calicots
	Barbier	28, faubourg Saint-Antoine, et 27 ter, rue de Charenton, au Bon Tisserand	huit	spécialité de toile fil de main, linge de table uni et damassé.
	Henriot Derche	10, rue Doudeauville, à la Chapelle-Saint-Denis	six	dépôt de toiles fil de main et des fabriques de Lille, Alençon et Vimoutiers ; dépôt de bâches
TOLERIE	Favier	20, passage d'Angoulême	cinq	fabricant de tôlerie et coudes circulaires en tôle, cuivre et zinc.
	Lafond jeune	26, rue Neuve-Coquenard	cinq	fabricant de fourneaux de blanchisseuse.
	Lafond aîné	25, rue des Tournelles	cinq	fabricant de tôleries en tous genres.
	Eugène Gavrel	7, rue Corbeau	dix	fabricant tôlier ; spécialité de torréfacteurs à air chaud ; breveté, s. g. d. g.
TOURNEURS SUR BOIS	Engelmann	38, rue des Ecluses-Saint-Martin, 4, passage Feuillet	cinq	spécialité de colonnes pour pianos, etc.
TREILLAGEURS	Charvet	51, rue de Paris, à Belleville	cinq	chaises et bancs de jardins en tous genres, chaumières et objets rustiques.
TROUSSEAUX DE MARIAGE	Malteste	69, rue Montmartre	cinq	chemisier, trousseaux de mariage
	Société des Brodeuses vosgiennes	30, rue Vivienne	cinq	articles pour trousseaux et layettes.
	Barbier	28, faubourg Saint-Antoine, et 27 ter, rue de Charenton, au Bon Tisserand	huit	maison de blanc, trousseaux, layettes, lingerie.
	Vendôme Hirne	21, rue de la Chaussée-d'Antin	six	trousseaux et layettes.
	Rossignol (Dme)	31, boulevard Bonne-Nouvelle	cinq	corbeilles, trousseaux et layettes riches.
TROUSSES	Smal, L. Dujat, successeur	7 et 8, galerie Montpensier	six	spécialité de trousses, tabletterie, articles de fantaisie.
VANNERIE ET BOISSELLERIE	Suisse	160, rue Montmartre	cinq	vannier, boisselier, brossier.
	Rouy	28, rue de la Chaussée d'Antin	cinq	fabrique de vannerie, brosserie.
	Legrand	48, faubourg Poissonnière	six	fabrique et magasin de vannerie, brosserie, plumeaux, paillassons.

	MM.		CHIFFRE DES MANDATS Représentant espèces par les Vendeurs, calculé sur un relevé de 100 francs. Pour fr.	
VERNIS	Furet	58, rue Sainte-Anne	trois	huiles, essences, vernis et couleurs.
	Lancelot	120, rue Montmartre	trois	vernis et cirages pour carrossiers; dépôt des vernis et vermillons de MM. Nobles et Hoare, de Londres.
	F. Viard et Charmy	128, rue Saint-Martin	cinq	vernis et couleurs.
	Terrier et Dormont	27, rue de Charenton, à Bercy	deux	couleurs et vernis.
	Bossu Foret	11, rue de Bercy, à Bercy	cinq	fabrique de couleurs et vernis, dépôt d'huiles de pieds de bœuf.
VERNISSEURS - BRON-ZEURS	Laurent	12, impasse de la Pompe (rue de Bondy)	cinq	vernisseur-bronzeur sur tous les métaux.
VERRES A VITRES	Lebissonnais	4, rue de la Feuillade	dix	verres à vitres et glaces, spécialité pour la photographie.
	Dordet	6, rue Sainte-Anne	trois	miroitier, verres à vitres et glaces.
	L'Héritier	45, Grande-Rue, aux Ternes	dix	verres à vitres et couleurs.
	F. Donelle	25, rue Saint-Louis, à Batignolles	dix	peinture, vitrerie, couleurs.
	Gustave Heringer et Cⁱᵉ	30, rue Vieille-du-Temple	trois	verres à vitres, verres de couleur, couleurs vitrifiables.
	A. Allioli	51, Grand'rue, à Batignolles	cinq	dépôt de verres à vitres de toutes espèces.
	Buhner, L. Nicolas (success')	22, rue Paradis-Poissonnière	cinq	magasin principal, 22, rue de Paradis, vins en pièces et en bouteilles, eaux-de-vie et liqueurs; le prix des vins est marqué sur les bouchons, excepté pour le Champagne.
VINS EN CERCLES ET EN BOUTEILLES, EAUX-DE-VIE, GROS ET DÉTAIL	Roqueblave et Badin fils	30, faubourg Poissonnière	cinq	vins et eaux-de-vie, liqueurs; entrepôt à Bercy.
	Wallet	47, quai de Bercy	dix	vins en gros et en détail.
	Desaulle	9, bᵈ Poissonnière, et 9, rue de Rivoli	cinq	vins de champagne de la maison Mumm, de Reims.
	Terrier et Dormont	27, rue de Charenton, à Bercy	deux	vins en gros et détail.
	Delahaye	65, Grand'rue, à Passy; caves et magasins, 16, même rue	cinq	vins et eaux-de-vie en cercles et en bouteilles.
	Chambolin aîné	65, chaussée Clignancourt, à Montmartre	trois	vins fins et liqueurs.
	Lecerf	15, petite rue Royale, à Montmartre	cinq	vins et liqueurs en bouteilles et au litre.
	Boulé	23, rue de Rivoli	trois	vins fins en bouteilles.
	Alphonse Bermond	64, chaussée Clignancourt, à Montmartre. Entrepôt, 18, bᵈ de la Rapée, à Bercy	cinq	vins et eaux-de-vie en gros, liqueurs.
	Maison F. Millochau, Humbert, gérant	94, rue de l'École-de-Médecine, aux Chais du Médoc	trois	vins en cercles et en bouteilles, eaux-de-vie et liqueurs.
	Mercier aîné	19, rue de l'Étoile, aux Ternes (magasin de l'Étoile)	cinq	vins, eaux-de-vie, liqueurs et vinaigres, vins fins en bouteilles, français et étrangers.
	Charles Hugon	47, chaussée Ménilmontant	deux	eaux-de-vie et liqueurs en gros.
	Auguste Imbert	16, rue de l'Écluse, à Batignolles	quatre	marchand de vins en gros, vins à la bouteille et au litre.
	L. Piolet et Cⁱᵉ	124, boulevard Sébastopol (Paris)	cinq	vins en cercles, cognacs et rhums.
	Julien	61, rue Dauphine	trois	vins en cercles (6 0/0 sur les vins en bouteilles).

	MM.		CHIFFRE DES MANDATS Reçus comme espèces par les Vendeurs, calculé sur un relief de 100 francs. Pour fr.	
VINS EN CERCLES ET EN BOUTEILLES. EAUX-DE-VIE, GROS ET DÉTAIL (*suite*)	Leblanc et C°	16, rue Mazagran, et 9, rue de Bordeaux, à l'Entrepôt	sept	vins en pièce et à la bouteille, gros et détail.
	Bertin	17, rue Laffitte, à la Vérité Vinicole	six	à la Vérité Vinicole; vins en cercles et en bouteilles, vins de France et de l'étranger en nature, origine garantie.
	Champroux	56, boulevard Beaumarchais, au Château de la Côte-d'Or	trois	vins en cercles et en bouteilles, eaux-de-vie.
	Maison E. Millochau, Ungidos, gérant	154, rue Vieille-du-Temple, aux Chais du Médoc	trois	vins en cercles et en bouteilles, eaux-de-vie et liqueurs.
VOILETTES	Lutz et C°	4, rue Ménars	cinq	fabrique de dentelles, voilette Princesse Clotilde, nouveau et gracieux modèle déposé et breveté, s. g. d. g.
	Cartier jeune	21, rue Poissonnière	cinq	voilettes, coiffures, mantelets, châles et volants de dentelles noires dites Cambray, et autres genres d'imitation.

Pour les adhésions arrivées après composition, tournez la page, s. v. p.

LISTE SUPPLÉMENTAIRE

DU

RÉPERTOIRE DES ADHÉRENTS

CHIFFRE DES MANDATS Reçus comme espèces par les Vendeurs, calculé sur un achat de 100 francs. Pour fr.	BOULANGERS.
trois 25	Mocquot, 41, rue Lemercier, à Batignolles.
trois 25	Lallemant, 38, rue Saint-Louis, id.
trois 25	Emilien Cuqu, 38 bis, Grande-Rue, id.
cinq	Connier, 3, rue de Lévis, id.
cinq	Goepfert, 2, place de l'Eglise, id.
cinq	Thiva, 2, avenue de Clichy, id.
cinq	Bouchel, 38, rue Truffaut, id.
six	Daniel, 94, rue d'Orléans, id.
trois	Chatriot, 3, rue Vineuse, à Passy.
quatre	Roux, 40, rue de la Fontaine, à Auteuil.
trois	Geslot, 3, Grande-Rue, id.
trois	Berton, 5, rue de Longchamps à Passy.
trois	Pieron, 42, rue de l'Empereur, à Montmartre.
trois	Perrot, 15, rue des Poissonniers, id.
trois 50	Lebrun, 6, rue du Ruisseau, id.
trois	Duchesne, 8, rue des Poissonniers, à La Chapelle.
trois	Herdz, 28, rue des Couronnes, id.
quatre	Egloff (Jean), 53, rue de Flandre, à La Villette.
trois	Poisson, 2, route d'Allemagne, id.
trois	Boucherot, 3, rue Droin-Quintaine, id.
trois	Delaroche, 67, rue de Flandre, id.
cinq	Juge, 26, rue du Commerce, à Grenelle.
cinq	Duval, 25, rue Croix-Nivert, id.
quatre	Coudray, 27, rue Frémicourt, id.
quatre	Boulogne, 4, rue Fondary, id.
quatre	Loyer, 76, Grande-Rue, à Vaugirard.
quatre	Ch. Ducasse, 114, Grande-Rue, id.
quatre	Treffot, 7, Grande-Rue, id.
quatre	Tassard fils, 15, rue de Sèvres, id.
quatre	Doublier fils, 69, rue de Sèvres, id.
quatre	Mainfroy-Morin, 61, rue Blomet, id.
trois	Remond, 45, rue de l'Eglise, Gros-Caillou.
trois	Chassevent, 178, rue de Grenelle-Saint-Germain, Gros-Caillou.
trois	Lerat, 162, rue de Grenelle-Saint-Germain, id.
quatre	Gautier, 14, rue de Grenelle-Saint-Germain.
trois	Servignat, 61, rue de Bourgogne.
cinq	Lamy, 13, rue du Bac.
trois	Lhomme, 134, rue du Bac.
quatre	Kauffmann, 77, rue de Sèvres.
deux 50	Legouay, 4, rue de Sèvres, à Vaugirard.
trois	Jeandrieu, 19, rue du Dragon.
trois	Musson fils, 22, rue Bonaparte.
trois	Bougault, 64, port de Bercy, à Bercy.
cinq	Duval, 58, rue de Bercy, id.

BOULANGERS (suite)

CHIFFRE DES MANDATS Reçus comme espèces par les Vendeurs, calculé sur un achat de 100 francs.	
Pour fr.	
quatre	Quimont, 104, rue de Bercy, id.
quatre	Hauret, 92, rue Saint-Antoine.
quatre	Pied Auguste, 211, rue Saint-Antoine,
quatre	Lamy, 6, rue de Bercy.
quatre	Papin, 51. rue de Charenton, à Bercy.
quatre	Larue, 27, rue de Charenton, id.
trois	Thomachot, 63, rue de Chaillot.
quatre	Lamy jeune, 55, rue du faubourg Saint-Antoine.
quatre	Lecomte Ubecq, 149, rue du faubourg Saint-Antoine.
quatre	Bruneau jeune, 6, rue de Charenton.
quatre	Lish jeune, 37, route de Montreuil.
quatre	Marmin, 7, rue de Crussol.
quatre	Petit, 11, rue du Pressoir, à Belleville.
quatre	Moulin, 100, rue des Amandiers, id.
quatre	Joncherg, 2, rue des Amandiers, id.
trois 50	Caillet, 17, rue Saint-Laurent, id.
quatre	Blanchet, 32, rue de Paris, id.
cinq	Renard, 50, boullevard des Trois-Couronnes, id.
quatre	Coutier, 37, rue Saint-Laurent, id.
trois	Abadie, 1, rue Vélain, id.
quatre	Hervé, 29, rue Saint-Germain, à Charonne.
cinq	Epinette, 105, rue de Montreuil, id.
quatre	David, 95, rue de Paris, id.
deux	Cousin, 197, rue du Faubourg-Saint-Martin.
deux	Desnosse, 165, rue du Faubourg-Saint-Martin.
deux	Machin, 34, rue du Faubourg-Saint-Denis.
deux	Ledieu, 128, rue du Faubourg-Saint Denis.
trois 20	Leroux jeune, 343, rue Saint-Denis.
trois 20	Triquigneaux, 320, rue Saint-Martin.
trois 20	Brard, 284, rue Saint-Martin.
trois 20	Dubois, 357, rue Saint-Martin.
deux	Laloge, 88, rue du Faubourg-Saint-Denis.
quatre	Bailly, 1, cours de Vincennes.
deux	Pray, 46, rue d'Hauteville.
deux 25	Jamet, 3, rue Rochechouart.
deux 25	P. Fleury jeune, 15, rue Montholon.
deux 25	Lamouroux, 93, rue Saint-Denis.
trois	Plessis, 28, rue Réaumur.
deux	Bleric, 207, rue du Temple.
deux 25	Pepin, 62, rue du Verthois.
deux	Bezine, 46, rue du Faubourg-Montmartre.
deux 25	Renaud. 35, rue Notre-Dame-de-Lorette.
deux 25	Giroux Grandjean, 30, rue des Martyrs.
trois	Grimoult, 18, rue Saint-Lazare.
deux 25	Davenne, 12, faubourg Poissonnière.
trois 50	Bouic, 152, rue Saint-Maur.
cinq	Barbu, 31, rue du Faubourg-du-Temple.
trois	Viel, 121, rue du Faubourg-du-Temple.
trois	Vᵉ Vaillant, 79, rue de Malte.
trois	Tessier aîné, 135, rue Ménilmontant.
trois	Courcier, 97, rue Saint-Maur.
trois	Dufour, 19, rue du Faubourg-du-Temple.
deux 25	Bernier, 24, rue aux Ours.
deux 25	Grandjean, 42, rue Grénetat.
deux 25	Fontaine, 121, rue du Temple.
deux 25	Dolimier, 25, rue des Marais-Saint-Martin.

<table>
<tr><td>CHIFFRE DES MANDATS
Reçus comme espèces
par les Vendeurs,
calculé sur un achat de
100 francs.

Pour fr.</td><td></td></tr>
</table>

BOUCHERS.

cinq	Lancome, 17, rue du Commerce, à Grenelle.
cinq	Fautré, rue du Commerce, id. (au coin de celle du Théâtre
quatre	Delaporte, 29, rue Frémicourt, id.
cinq	Dordron, 165, Grande-Rue, à Vaugirard.
cinq	Racine, 117, Grande-Rue, id.
cinq	Hervé-Chrétien, 72, Grande-Rue, id.
cinq	Cartry, 5, Grande-Rue, id.
cinq	Riche, 239, rue de Sèvres, id.
trois	Géré, 157, boulevard Montparnasse, id.
cinq	Parent, 35, avenue de la Mothe-Piquet, Gros-Caillou.
cinq	Petit, 25, rue de l'Église, id.
cinq	Morard, 157, rue de Grenelle-Saint-Germain, id.
six	Leboucher, 183, rue Saint-Dominique-Saint-Germain, id.
quatre	Boivin, 171, r Saint-Dominique-Saint-Germain, id.
trois 25	Gressot, 134, rue Saint-Dominique-Saint-Germain, id.
quatre	Verrier Duchenne, 130, rue Saint-Dominique-Saint-Germain,
cinq	Raffard, 45, rue de Bourgogne.
cinq	Guerrier, 41, rue des Saints-Pères.
cinq	Beulaygue, 40, rue Vanneau.
cinq	Vaillant Quarré, 26, rue Bonaparte.
cinq	Dessaigne, 11, rue d'Estrée.
cinq	Chatel fils, 134, rue du Bac.
cinq	Largillier jeune, 106, rue du Bac.
quatre	Gautier, 133, rue de Sèvres.
cinq	Naudin, 3, rue de Sèvres.
cinq	Magny, 33, rue du Four.
cinq	Lefebvre, 1, rue d'Antin, à Batignolles.
cinq	Gosse, 15, rue de l'Église, id.
cinq	Cretu, 40, Grande-Rue, id.
cinq	Vignat, 71, rue Lemercier, id.
dix	Drouet, 6, rue de Lévis, id.
quatre	Corbie, 118, rue des Dames, id.
cinq	Fermanet, 2, rue de l'Écluse, id.
cinq	Alfred Guiot, 77, rue des Dames, id.
cinq	Mahieux, 56, avenue de Clichy, id.
cinq	Miscopein aîné, 4, rond-point de l'Étoile, aux Ternes
cinq	Marquis, 64, avenue des Ternes, id.
quatre	Jonanne, 44, boulevard de l'Étoile, id.
quatre	Leroy, 3, barrière du Roule, id.
cinq	Guiot Sallerin, 2, rue des Dames, id.
quatre	Alliot, 5, rue Vineuse, à Passy.
quatre	Renaud Girardel, 1, Grande-Rue, id.
dix	Noël, 21, avenue de Saint-Cloud, id.
cinq	Piret, 17, Grande-Rue, à Auteuil.
trois	Tremerel, 23, rue Molière, id.
quatre	Piat, 15, Petite-Rue Royale, à Montmartre.
cinq	Chartier, 4, place du Tertre, id.
huit	Théophile Lafous, 6, barrière Pigalle, id.
trois	Delandre, 24, rue de l'Abbaye, id.
quatre	Bourgeois, 37, chaussée des Martyrs, id.
cinq	Legendre, 8, rue de l'Empereur, id.
trois	Henri Tuy, 33, rue des Acacias, id.
quatre	Decaulers, 21, chaussée des Martyrs, id.
cinq	Lemercier, 8, place de la Mairie, id.
cinq	Cahier, 52, rue des Acacias, id.
quatre	Patou, 26, rue de l'Empereur, id.
trois	Desselle, 7, chaussée Clignancourt, id.
cinq	Jules Delagarde, 107, rue Marcadet, id.
cinq	Mme veuve Ricossay, 47, chaussée Clignancourt, id.

BOUCHERS (suite)

CHIFFRE DES MANDATS Reçus comme espèces par les Vendeurs, calculé sur un achat de 100 francs.	
Pour fr.	
cinq	Mme Prehu, 5, rue Belhomme, id.
cinq	Marion, 17, rue de Chartres, à La Chapelle.
trois	Delacomptée jeune, 11, rue Léon, id.
six	Libbrecht, 23, rue de Jessaint, id.
cinq	Louis Richard, 13, rue de la Goutte-d'Or, id.
cinq	Saint Paul, 12, boulevard des Vertus, id.
cinq	Flouron (Joseph), 62, Grande-Rue, id.
cinq	Daniel, 41, rue Marcadet, id.
cinq	Parnuit, 100, rue de Flandre, à La Villette.
trois	Crouzet, 72, rue de Flandre, id.
trois	Martin Jolivet, 45, rue de Flandre, id.
quatre	Oudot, 21, rue de Meaux, id.
quatre	Girard, 2, rue des Barrés Saint-Paul, Paris.
trois	Prieur (Jules), 52, rue de Charenton, à Bercy.
trois	Guery, 8, rue Boucher, à Paris.
trois	Cordelle, 47, rue du Faubourg-Saint-Antoine.
trois	Mlle Moine, 151, rue de Charenton.
cinq	Barbu, 92, rue de Bercy, à Bercy.
cinq	Clerot, 84, rue de Rivoli.
trois	Chateau, 18, rue de Crussol.
trois	Maes, 168, rue Saint-Antoine.
quatre	Hugot, 2, rue des Cendriers, à Belleville.
quatre	Mme veuve Didier, 4, rue de Charonne-des-Amandiers, id.
quatre	Hadancourt, 37, chaussée Ménilmontant, id.
quatre	Paffe (Auguste), 75, chaussée Ménilmontant, id.
cinq	Livrayes, 122, rue de Paris, id.
cinq	Letourneur, 38, rue de Paris, id.
quatre	Deschamps, 70, rue Saint-Laurent, id.
cinq	Clion, 5, rue de la Tourtille, id.
quatre	Legrand, 3, rue de Corrillon, id.
quatre	Pismaque, 27, rue Saint-Laurent, id.
cinq	Couppé, 8, rue Constantine, id.
cinq	Nadeau, 3, Barrière de Reuilly, à Bercy.
cinq	P. Lessertisseur, 16, cours de Vincennes, à Saint-Mandé.
cinq	Nicolas, 32, rue Saint-Germain, à Charonne.
trois	C. Vollée, 59, rue du Faubourg-Saint-Martin.
trois	Valdin, 131, rue du Faubourg-Saint-Martin.
quatre	Parent, 157, rue du Faubourg-Saint-Denis.
trois	Baudu, 56, rue du Faubourg-Saint-Denis.
cinq	Veuve Rode, 54, rue Bourbon-Villeneuve.
cinq	Parquet, 279, rue Saint-Denis.
cinq	Alexandre Lissot, 126, rue Saint-Martin.
trois 25	Prevosteau, 239, rue Saint-Martin.
trois	S. Chéneau, 37, rue d'Hauteville.
cinq	Halley, 89, rue de Montreuil, à Charonne.
cinq	Durey, 45, rue du Château-d'Eau.
cinq	Delettrez, 69, faubourg Poissonnière.
cinq	Pilet jeune, 54, boulevard de Strasbourg.
cinq	Raffard, 45, rue de Bourgogne.
cinq	Beulaygue, 40, rue Vanneau.
quatre	Gautier, 133, rue de Sèvres.
cinq	P. A. Dessaigne, 11, rue Destrée.
trois	Rodel, et Fetré, 31, rue Aubry-le-Boucher.
trois	E. Comelin, 122, rue du Temple.
trois	Eustache, 18, rue Phélippeaux.
trois	H. Villion, 65, rue Notre-Dame-de-Nazareth.
trois	Charles Porte, 1, rue de Navarin.
cinq	Croulebois, 21, rue Bréda.
cinq	Dieu, 44, rue du Faubourg-Montmartre.
cinq	Crosnier père, 3, rue des Martyrs.
cinq	Philibert Moutiers, 29, rue Lamartine.
trois	Mannier, 16, rue du Faubourg-Poissonnière.

<table>
<tr><td>

CHIFFRE DES MANDATS
Reçus comme espèces
par les Vendeurs,
calculé sur un achat de
100 francs.

Pour fr.

</td><td>

BOUCHERS (suite)

</td></tr>
</table>

trois	Naze, 33, rue Richer.
deux 50	Roger, 48, rue Laffitte.
cinq	Barbier, 37, rue du faubourg du Temple.
quatre	Petit, 75, rue de Provence.
quatre	Blondeau, 91, rue Beaubourg.
trois	Tromp, 36, rue de Londres.
quatre	Lointier, 47, rue Caumartin.
cinq	Lamy, 101, rue Saint-Maur.
cinq	Rohaut, 83, rue Ménilmontant.
cinq	Couder, 5, rue neuve des Petits-Champs.
cinq	Couder, 16, rue de Beaune.

ÉPICIERS.

trois	A. Froc, 51, rue du Commerce, à Grenelle, au Navire du Commerce.
cinq	Denoue et Henault, 8, rue du Commerce, id.
trois	J. Franck, 4, avenue Saint-Charles, id.
quatre	Brot, 60, Grande-Rue, à Vaugirard.
quatre	Renaud, 39, rue de Sèvres, id., à la Providence.
quatre	F. Lhobeth, 43, rue de l'Église, Gros-Caillou.
cinq	Adolphe Ledru, 7, rue Oudinot, à la Providence.
cinq	Mme Carnis, 89, rue du Bac.
quatre	Guillemin, 46, rue de Sèvres, au Gros Pain de Sucre.
cinq	Molleveaux, 20, rue des Saints-Pères, et 1, rue de l'Université, aux Productions Coloniales.
cinq	Herpsont, 61, rue des Saints Pères, à la Renommée du Bon Café.
trois	Babouin, 14, rue Saint-Dominique-Saint-Germain, et 17, rue Saint-Guillaume.
cinq	Perivier, 2, rue de la Tour, à Passy.
trois	Hocq, 6, rue des Dames, aux Ternes.
trois	Ch. Hibout, 29, rue des Acacias, id.
cinq	Engrand, 8, place de l'Église, à Batignolles.
cinq	Levaillant, 55, rue de la Paix, id.
cinq	Lebourg, 73, rue des Dames, id., au Bon Café.
quatre	Lapied, 7, rue Saint-Louis, id., au Port du Havre.
cinq	Redon jeune, 2, rue Lemercier, id.
quatre	Prevost, 2, place du Château-Rouge, à Montmartre.
cinq	Lecerf, 15, Petite-Rue Royale, id.
trois 50	Chauroux, 20, rue de l'Empereur, id.
trois	P. Amsinger, 39, chaussée Clignancourt, id.
trois	Chambolin aîné, 65, chaussée Clignancourt, id.
six	Bise et Cie, 45, chaussée Clignancourt, id.
trois	J. Carton, 57, rue de la Goutte-d'Or, à La Chapelle.
quatre	Lefèvre, 45, rue de Flandre, à La Villette.
quatre	Derray, 239, rue de Paris, à Belleville.
trois	Legrand, 9, rue de Paris, id.
deux 50	Harel, 112, rue de Paris, id.
quatre	Devonges, 2, boulevard des Trois-Couronnes, id.
trois	François, 1, rue des Amandiers, id.
trois	Bezault, 168, rue de Charenton.
cinq	Bossu, 11, rue de Bercy, à Bercy.
deux 50	Terrier, Dormont et Cie, 27, rue de Charenton, id.
trois	Thouroude, 81, rue de Charenton, id.
deux	Chailly, 37, rue de Rivoli.
deux	Lefebvre, 2, rue de la Fidélité.
trois	Pène, 283, rue du faubourg Saint-Antoine.

<table>
<tr><td>

CHIFFRE DES MANDATS
Reçus comme espèces
par les Vendeurs,
calculé sur un achat de
100 francs.

Pour fr.

quatre
quatre
trois
trois
trois
trois
trois
deux
deux
deux 25
trois
deux 50
trois
trois 50
trois
trois
deux 50
deux 50
deux 50
deux 50
deux 50
trois
deux 25
deux 25
trois

</td><td>

EPICIERS (suite)

Boulé, 23, rue de Rivoli.
Lejeune, 103, rue du Faubourg-Saint-Antoine.
T. Eleaume, 52, rue du Faubourg-Saint-Denis.
Coquillard, 74, rue du Faubourg-Saint-Denis.
Pissot, 162 rue du Faubourg Saint Martin.
Villeneuve et Philippets, 235, rue Saint Martin.
Binet Louis, 46, rue Bourbon-Villeneuve.
F. Mias, 23, rue de la Fidélité.
Tarout, 10, rue des Petites Écuries.
Canu, 1, rue Lafayette.
Morel, 20, rue Montholon.
Huré, 16, rue d'Hauteville.
D. Laprade, 5, rue Cadet.
Courcelle, 11, rue Bonaparte.
Cadé, 44, rue du Temple.
Royer, 112, rue du Temple.
Jonquet, 62, rue Notre-Dame-de-Nazareth.
Fombonne, 1, rue de la Bruyère.
Gruel, 17, rue Bréda.
Bonnin, 62, rue Lamartine.
Aucler, 42, rue du Faubourg Poissonnière.
Dugras, 32, rue du Faubourg du-Temple.
Giot, 16, rue de Lancry.
Pichon, 30, rue des Marais-Saint-Martin.
Chavanot, 55, rue Ménilmontant.

</td></tr>
</table>

PHARMACIENS

trente	Dupont, 24, rue de l'Empereur, à Montmartre.
cinq	Rougier, 35, chaussée Clignancourt, id.
six	Bréard, 75, Grande-Rue, à La Chapelle.
cinq	Begué, 14, rue du Commerce, à Grenelle.
huit	Recluz, 110, rue de Sèvres, à Vaugirard.
quinze	Desbeaux, 167, rue de Paris, à Belleville.
quinze	Jules Caroz, 44, rue de Paris, id.
huit	Viger, 69, rue des Amandiers.
quinze	Froissart, 32, avenue de Clichy, à Batignolles.
dix	Faucher, 53, rue de la Paix, id.
quinze	Tricard, 47, Grande-Rue, aux Ternes.
dix	Pouchard, 69, Grande-Rue, et place de la Mairie, 2, à Passy.
cinq	Dolbet, 60, rue de Bercy.

DROGUISTES HERBORISTES.

quatre	Delamotte, 5, place et marché Beauveau.
cinq	Barbier, 50 et 52, rue des Lombards.

<table>
<tr><td>

CHIFFRE DES MANDATS
Reçus comme espèces
par les Vendeurs,
calculé sur un achat de
100 francs.

Pour fr.

</td></tr>
</table>

AMEUBLEMENTS.

deux	Pinel, 95, rue du faubourg Saint-Martin ; fabrique de chaises en gros.
deux	Coquelin, 52, rue du faubourg Saint-Martin ; fabrique de fauteuils et chaises en gros.
huit	Fath, 40, rue de Seine ; tapisserie et ameublement, location pour bals et soirées, siéges confortables, etc.
cinq	Charles Belle, 18, rue de la Pépinière ; tapissier, ameublements en tous genres.
cinq	Charpillon, 138, rue Saint-Lazare, 31, rue d'Amsterdam, et 4, place de Laborde ; fabrique de lits en fer et sommiers élastiques, laines, crins, literie en tous genres.
cinq	Alphonse Rufin, 81 et 83, rue du faubourg Saint Honoré ; spécialités d'articles de literie, tapis et étoffes d'ameublement.

ARTICLES DE CHASSE.

cinq	Delongray, 12, rue au Maire ; articles de chasse en tous genres, guêtres, carnassières, bandoulières etc.

ARTICLES DE VOYAGE

deux	Krogner, 33, rue Sainte-Appoline; articles de voyage, en tous genres, maison de gros.
cinq	Thomas, 15, boulevard Saint-Denis ; grand magasin d'articles de voyage, assortiment de fourrures.
sept	Armand Béga, 36, faubourg Saint-Honoré ; emballeur, expéditeur de l'Ambassade de Russie.
cinq	Scoquart, 61, rue de Seine-Saint-Germain ; layetier, coffretier, emballeur.

ACIER ANGLAIS.

trois	Mme Hart, 57, rue Bourbon-Villeneuve ; maison spéciale d'acier anglais.

<table>
<tr><td>CHIFFRE DES MANDATS
Reçus comme espèces
par les Vendeurs,
calculé sur un achat de
100 francs.</td></tr>
</table>

Pour fr.

APPAREILS DE CHAUFFAGE.

cinq — Ledain, 56, faubourg Saint-Honoré ; calorifères, cheminées, fourneaux, grillades, système breveté s. g. d. g.

ARTICLES DE FANTAISIE.

cinq — Desvignes, 50, faubourg Saint-Martin ; fabrique de bijouterie, en tous genres.

douze — Eugène Caron, 19, rue Notre-Dame-de-Nazareth ; fabricant de broches et bracelets.

quinze — Mauberqué, 13, rue Notre-Dame-de-Nazareth ; fabricant de bijouterie dorée.

douze — Assegond, 11, rue des Enfants-Rouges ; fabricant de boutons en tous genres.

douze — Leclère, 13, rue des Quatre-Fils ; fabricant d'écrans en tous genres.

BANDAGISTES.

huit — Fichot, 43, rue Dauphine ; fournisseur de l'hotel impérial des Invalides, du bureau central et des Hôpitaux ; bandages en tous genres.

BILLARDS.

trois — Tanron, 62, rue des Marais Saint-Martin ; fabricant d'accessoires de billards en tous genres.

BOIS.

trois — Brechesme, 40, rue de la Fontaine, à Auteuil ; bois de charpente.

trois — Mongelard, 60, rue Molière, à Auteuil ; bois à brûler.

trois — Delaisse, au Point-du-Jour ; bois à brûler.

<table>
<tr><td>

CHIFFRE DES MANDATS
Reçus comme espèces
par les Vendeurs,
calculé sur un achat de
100 francs.

Pour fr.

cinq

cinq

trois

dix
deux

deux
quatre
cinq
cinq

</td><td>

BRODERIES EN OR ET DENTELLES.

L. Denis et C°, 20, rue des Vieux-Augustins ; fabrique de broderies en tous genres pour ornements d'église, broderies en or, soie et dentelle.

CHAPELIERS.

Ratier, 11, rue de l'Odéon ; assortiment de chapeaux et casquettes en tous genres, spécialité pour enfants.

CHAUSSURES.

Bertrand, 55, rue Montmartre ; magasin de chaussures en tous genres, commission, exportation.

COLS ET CRAVATES.

Leprevost, 45, rue Neuve-Saint-Eustache ; cols et cravates en gros.
Gaillard, 11, rue du Petit-Lion ; cols et cravates, maison spéciale.

CONFECTION.

V° Pascalin neveu et C°, 201, rue St-Martin; chemises et pantalons pour dames
C. Bœuf, 10, rue de la Vrillière ; confection pour dames.
Lépine, 21, rue Poissonnière ; confection pour enfants.
Cartier jeune, 21, rue Poissonnière ; mantelets pour dames.

</td></tr>
</table>

CHIFFRE DES MANDATS Reçus comme espèces par les Vendeurs calculé sur un achat de 100 francs.
Pour fr.

CULOTTIER GUÈTRIER.

six — Traëger et Chère, 48, rue Richelieu ; guêtriers, culottiers, gantiers.

DENTELLES.

deux — Fouilloux, 49, rue Montmartre ; dentelles en tous genres..

DOREUR.

cinq — Romain Magniant, 4, passage Saint-Guillaume ; doreur sur cuir, soie, papier, velours, drap, flanelle et toile ; chiffres, armes et numéros, griffes pour modistes et chapeliers, pose le drap et la peau sur meubles.

FOURRURES.

deux — Lafon, 58, rue Bourbon-Villeneuve ; confection de fourrures en gros.
deux — Sipler et Pougor, 8, rue Montorgueil ; confection de fourrures en gros.
deux — Louis Baumblat, 37, rue Poissonnière ; confection de fourrures en gros.
deux — Lœwenberg, 49, rue Montmartre ; confection de fourrures en gros.

GRAVEURS.

dix — Gerly et Brizard, 5, rue Pastourel, au marais ; graveurs sur métaux, alphabets et chiffres, marques à chaud pour bois, poinçons pour couteliers, tailleurs de limes, etc. etc.

CHIFFRE DES MANDATS Reçus comme espèces par les Vendeurs, calculé sur un achat de 100 francs.
Pour fr.

GYMNASTIQUE.

cinq — C. Falut, 14, rue du Faubourg-Saint-Honoré ; professeur de gymnastique, gymnase à l'usage des adultes et des enfants des deux sexes.

HORLOGERS

quatre — Blin, 10, rue Mandar ; horloges publiques.
cinq — Desacy, 24, rue du Faubourg-Saint-Honoré ; horloger bijoutier.
cinq — Robillard, , rue Montmartre ; horloger bijoutier.
cinq — Desbois, 39, rue de la Pépinière ; horloger bijoutier.
cinq — Gérardin, 27, rue des Fossées-Montmartre ; horlogerie, joaillerie, orfévrerie Christofle.

LINGERIE.

cinq — Bergeret, 26, rue Thévenot ; lingerie en tous genres.
cinq — Paquentin, 21, rue du Petit-Carreau ; lingerie en tous genres.
cinq — Girard, 19, rue du Petit-Carreau ; lingerie en tous genres.
deux — Leclère, 13, rue du Petit-Carreau ; lingerie en gros.

NOUVEAUTÉS.

cinq — Perrot, 13, rue de La Pepinière, aux Dames des ; nouveautés en tous genres, mercerie, rubans, passementerie, bonneterie, chemises et cravates, confection pour hommes et dames, deuil, demi-deuil, etc., etc.

ORFÉVRERIE BIJOUTERIE.

cinq — Desvignes, 50, rue du Faubourg-Saint-Martin ; orfévrerie, bijouterie en tous genres.

PARAPLUIES.

deux

Sebert, 5, rue du Petit-Hurleur; parapluies gros et détail.

PASSEMENTERIE.

cinq
trois

Metay, 367, rue Saint-Denis; passementerie en tous genres.
Bloch jeune, 18, rue Poissonnière; passementerie en gros.

PHOTOGRAPHIE.

cinq

Besnard, 49, rue Montmartre, en face la rue Mandar; articles de photographie en tous genres, verres préparés, verres à vitres, épreuves pour stéréoscopes, etc., etc.

RUBANS.

deux
deux

Block, 36, boulevard du Temple; rubans et soieries en gros.
Martin, 349, rue Saint-Denis; rubans, soieries, velours.

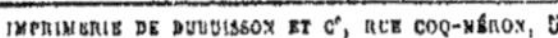

IMPRIMERIE DE DUBUISSON ET Cᵉ, RUE COQ-HÉRON, 5.

OPÉRATIONS

DE

L'ÉCONOMAT CENTRAL

L'**Économat central** met en rapport, d'une manière simple et facile, les producteurs et les Marchands avec les Consommateurs.

L'Administration se charge de toute espèce de publicité à l'usage du commerce et de MM. les officiers ministériels; elle se charge également des contrats d'assurance contre l'incendie, sur la vie humaine et contre les sinistres du commerce, le bris des glaces ou carreaux des devantures de boutique; elle représente les principales compagnies.

Pour les renseignements et demandes de statuts, s'adresser tous les jours, de neuf à cinq heures, les dimanches et fêtes exceptés, ou écrire *franco* à

Monsieur *J.-A. PROT*

Directeur de L'ÉCONOMAT CENTRAL

6, *rue de Choiseul*

A PARIS

Paris. — Imp. DUBUISSON et Cⁱᵉ, r. Coq-Héron, 5.